Himalaya

Auf den Bergen an Nepals Grenze zu Tibet trafen sich zwei Welten: Ein Lama, der tagsüber Bauer ist und am Feierabend in dem einzigen Zimmer seines Holzhauses, das er mit Frau und Kindern bewohnt, am Hausaltar seine buddhistischen Rituale vollzieht. Und MERIAN-Redakteurin Gabriele Oettgen, die hier nach langem Fußmarsch gastlich aufgenommen wurde und im Nachbarhaus vollkommene Ruhe fand, um die Eindrücke dieser abgeschiedenen Welt zu verarbeiten

Ungewöhnliches erleben wir bei der Vorbereitung unserer Hefte häufig. Was uns die Produktion des Himalaya-Heftes aber an Überraschungen bot, erstaunte selbst altgediente Redakteure: 20 000 Dias wurden uns von Fotografen aus aller Welt zugeschickt, ein in 38 Jahren MERIAN unerreichter Rekord. Schwieriger als die Beschaffung der Fotos erwies sich der Kontakt zu den Autoren, von denen ein guter Teil über Monate im Himalaya arbeitet. Briefe kommen einfach nicht an. Wir schickten also alles doppelt und dreifach, auch an Reinhold Messner nach Nepal, der sich gerade anschickte, den Annapurna I zu besteigen. Er antwortete: »Gestern kamen alle drei Briefe hier an. Der Postläufer hatte sie 150 Kilometer weit, über einen 4400 Meter hohen Paß durch Schluchten und einen Gletscher bis ins Basislager getragen...«

Selten hat ein MERIAN-Heft ein so breites und sicher noch nie ein so hohes Gebiet behandelt. 550000 Quadratkilometer, fünf Länder und zehn Achttausender wurden auf 158 Seiten untergebracht. Hinter den Bergen gibt es viel zu entdecken: Malereien, die zum Schönsten religiöser Kunst gehören; die geistige Welt des Buddhismus; Kathmandu, eine Weltstadt, in der sich seit Jahrhunderten Völker, Rassen und Kulturen mischen. Aber auch die Erfahrung, daß ein Himalaya ohne Bäume – und sie werden täglich abgeholzt – weltweit katastrophale Folgen hätte.

Inhalt

Trekking in Nepal: Strapaziöse Erholung von der Zivilisation   Seite **52**

Bhutan ist das letzte buddhistische Königreich. Ein Land wie aus dem Märchen, mit tropischen Orchideen, Dschungeln, vergletscherten Tälern, glücklichen Menschen und einem jungen König, der sein Volk liebt   Seite **80**

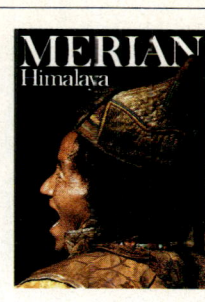

Tibets buddhistische
Kultur hat weite Teile des
Himalaya geprägt.
Ihr wichtigster Repräsen-
tant ist der Lama (Priester),
der den Menschen den
Weg zur Erlösung zeigt.
Foto: Eric Valli

Der alte Birman aus dem Dorf Sanagaon in Nepal, mit Frau, Enkeln und
MERIAN-Autor Kunda Dixit, den er
als kleinen Jungen betreut hat   Seite **26**

Bergsteigen: Reinhold Messners zuge-
spitzte Gedanken über einen absurden
Zeitvertreib   Seite **77**

In den Küchen der Klöster von Ladakh
wird der Fremde mit Buttertee bewirtet.
Reist er zur richtigen Jahreszeit, kann
er auch an den mystischen Festen der
Mönche teilnehmen   Seite **58**

Zauberwelt Himalaya:

MÄRCHEN,
MÖNCHE, MYTHEN

Noch hat die Moderne
nicht alle Pässe im Himalaya
überwunden. Wenn
die bhutanesischen Mönche
von der Feldarbeit heim-
kommen, entlocken sie ihren
Muscheltrompeten
einen lauten, schrillen Ton –
den »Aufruf zum ewigen
Leben«. Doch der Zeitpunkt
ist absehbar, wo Straßen,
Flugzeuge und Fernsehen
selbst die entlegensten
Täler erreichen und die Berg-
völker mit den alten
Bräuchen auch ihr Selbst-
verständnis aufgeben

Man muß schon über den
Wolken sein, um das Glück
zu haben, einen der Gipfel
des Himalaya – hier im
Ganesch Himal im Norden
Nepals – bewundern zu
können. Die Wolken, die von
Indien her kommen, ver-
schlucken nur allzu häufig
das steil aufragende Massiv.
Die Götter, die nach Mei-
nung der Einheimischen
auf den höchsten Bergspitzen
zu Hause sind, geben
sich nicht jedem zu erkennen

Auf den Gipfeln wohnen die Götter

Eric Valli

In den Tälern herrscht die Armut

Die nepalesischen Bauern nutzen jeden Quadratmeter um Terrassenfelder zu beackern. Selbst in den hochgelegenen Tälern gedeiht der Reis. Aber weil die Bevölkerung zu schnell wächst, müssen dennoch Nahrungsmittel importiert werden. Der Platz, den die Bauern für die Totenverbrennung reservieren, ist mit Gebetsfahnen geschmückt

Eingerahmt von den Gipfeln
des Himalaya liegt in
Nepal auf 1300 Meter Höhe
ein kreisrundes Tal mit
einem Durchmesser von
dreißig Kilometern.
Hier wurden die Königsstädte
Kathmandu, Bhaktapur
und Patan (Foto) im Mittelalter kunstvoll angelegt
und im Lauf der Jahrhunderte
mit Tempeln, Pagoden
und Palästen geschmückt.
Ein Gesamtkunstwerk
voller Leben – dessen Verfall
unaufhaltsam ist

Ein Freilichtmuseum zum Anfassen

Jürgen Winkler

Wer in der Hochwüste
Ladakhs Dörfer besuchen
möchte, die noch kein
Weißer betreten hat, wird
das harte Leben der Händler
begreifen lernen, die über
Jahrtausende die alten Handelswege zwischen
Tibet und Indien entlang-
gezogen sind. Nur der
zivilisationsmüde Europäer
nimmt heute freiwillig
solche Strapazen auf sich

Die Karawanen verändern ihr Gesicht

Ernst Haas

Die Klöster sind das religiöse
und geistige Zentrum der
Ladakhis. Die Bergbewohner
nehmen lange Wege in
Kauf, um an den Festen der
Mönche teilzunehmen.
Wie überall in Ladakh stehen
auch um Kloster Lamayuru
zahlreiche Tschorten,
Kultschreine, in denen hier
die Reliquien ganzer Mönchs-
generationen und heilige
Schriften aufbewahrt werden

Der Glaube ist ihre Welt

Venedig im Himalaya

Shikaras, schwimmende Taxis
auf dem Dal-See in Kaschmirs
Hauptstadt Srinagar, werben
mit bunten Schildern für
die Hausboothotels. Die meisten
Kaschmiris beten zu Allah.
Was sie nicht hindert, im Umgang
mit Touristen kräftig dem
Mammon zu huldigen

Wer die Länder des Himalaya bereist, erlebt ein Wechselbad der Landschaften und Gefühle

ZWISCHEN GÖTTERN UND GANOVEN

Reisenotizen von Gabriele Oettgen

Die Augen Buddhas an der Bodnath-Stupa wachen über Nepals Hauptstadt Kathmandu

Der König ist in Ordnung. Nur seine Berater sind schlecht.« Toni muß es wissen. Der Inder ist Geschäftsführer eines jener luxuriösen nepalesischen Hotels, die mit dem atemberaubend wachsenden Tourismus in die Höhe schießen und fast ausnahmslos dem König oder Mitgliedern seiner Familie gehören: Hotels nach amerikanischem Vorbild und Rechnungen, die mit Vorliebe in Dollars ausgestellt werden.

Ja, der König. Sein Foto und das seiner Frau schmücken fast jedes Haus in Kathmandu, der Hauptstadt Nepals. Für drei Mark fünfzig mit Rahmen, etwa der Tageslohn eines Landarbeiters, kann und muß es sich jeder leisten – was auf die Hotels keineswegs zutrifft. Aber zum Glück sind die Hippies der sechziger Jahre in ihren Heimatländern inzwischen meist Beamte geworden, und die letzten übriggebliebenen Drogensüchtigen, die man noch in der inoffiziell so benannten *Freakstreet* trifft, machen dem Ansturm devisenbringender Reisegruppen Platz. Die Verantwortlichen nehmen es deshalb auch in Kauf, daß das Krankenhaus neben dem Hotel *Annapurna* stundenlang ohne Wasser ist, damit bei den Gästen die Duschen rauschen können.

Und das ist kein Einzelfall von Gedankenlosigkeit oder Gleichgültigkeit in diesem Hindukönigreich.

Man hört von königlichem Drogenhandel. Man sieht die Folgen unerklärlicher, täglicher Kunstdiebstähle, die die Tempel und die alten Gassen voll holzgeschnitzter und steinerner Skulpturen in den drei Königsstädten im Hochtal von Kathmandu, diesem einzigartigen, lebendigen Museum des Mittelalters, zur leeren, verstümmelten Hülle einer großen Vergangenheit zu machen droht.

Doch ehe ich begann, die Probleme der Nepalesen wahrzunehmen, stand ich ermüdet und verwirrt mitten im Getümmel von Kathmandus Straßen und Basaren: Asiatisches Mittelalter mit all seinen Geräuschen und Gerüchen, mit überschwenglichem architektonischem Einfallsreichtum, mit der Farbenpracht und baulichen Vielfalt seiner symbolträchtigen Tempel, Türme und Paläste. Dazwischen immer neue Ausblicke auf die Schönheiten der Berge und Reisterrassen, die Dörfer und Klöster, die Baumalleen und die hochragenden Stupas, umgeben vom Kranz der Gebetsmühlen und geschmückt mit bunten Wimpeln und Buddhas Augen, die in alle Windrichtungen blicken.

Völlig erschöpft rettete ich mich nach kurzen Ausflügen in die fremde Welt immer wieder zwischen die kühlen Laken meines Bettes im Hotel *Vajra*, dem originellsten in Kathmandu. Um mich herum im Hotel tibetische Mönche, die hier kostenlos

In Kaschmir nichts
Ungewöhnliches:
verschleierte Muslim-
frauen. Zwei Drittel
der Bevölkerung beten
zu Allah. Im Vergleich
zu den kaschmiri-
schen Hindus halten
sie stärker an ihren
Traditionen fest. West-
liche Lebensart
stellt für sie kaum eine
Versuchung dar

wohnen dürfen; ein alter amerikanischer Millionär, der seit drei Jahren jeden Monat abreisen will; Tsering, die frühere Sekretärin des Dalai Lama, die die Hotelbibliothek leitet, und Evans, eine Engländerin, die im ersten Stock Kunstausstellungen organisiert. Die Seele dieses Mikrokosmos, die Berliner Schauspielerin Sabine Lehmann, bereitete gerade eine Theateraufführung vor: Brecht für Nepalesen. Heimatgefühle, vage Geborgenheit in der Ferne.

Unvorstellbar, daß diese Menschen Depressionen haben. Nie hört man von Selbstmorden

Erste Ausflüge in die verwinkelten Gassen, wo sich hupende Rikschas und unentwegt klingelnde Fahrradfahrer vorsichtig ihren Weg bahnen zwischen Körben mit Gewürzen, Obst und Gemüse, zwischen Hemden, Stoffen und Wolldecken, Schüsseln und Töpfen. Ein Gewirr von braungesichtigen, lachenden Menschen! Es dauerte Tage, bis meine Sinne in der Lage waren, Konturen, Farben, Gerüche, Geräusche und vor allem Gesichter wahrzunehmen und zu unterscheiden. Gesichter von Menschen, die den Blick nicht abwenden, Gesichter, deren Lächeln von innen kommt, neugierig und warmherzig. Mehr als alles andere lag es an diesem Lächeln und den liebenswürdigen, herzerwärmenden Umgangsformen der Nepalesen, wenn ich nach wenigen Wochen den Wunsch hatte, für ein paar Jahre zu bleiben.

Seit dem Einbruch des 20. Jahrhunderts – Nepal öffnete seine Tore für Fremde erst 1951 – hat das Land erkennbaren Schaden genommen: Die eintönig tristen Betonbauten verdankt es einer Fabrik, die mit deutschen Entwicklungshilfegeldern gebaut wurde; nicht das einzige Beispiel rasch um sich greifender Verschandelung zwischen den alten Ziegel- und Lehmhäusern mit ihren reichgeschnitzten Holztüren und -fenstern. Aber trotz wuchernder Häßlichkeit haben sich die meisten Nepalesen ihre innere Ruhe und Gelassenheit nicht nehmen lassen. Sie haben die zahllosen Probleme ihres Landes, das zu den ärmsten dieser Erde zählt, bisher mit Anmut und Freundlichkeit zumindest überspielt: Sie fühlen sich noch immer geborgen in ihrer Welt, ihrem Glauben. Ihre Einstellung zu Leben und Tod, ihre Gewißheit, wiedergeboren zu werden, vermitteln ihnen eine fröhliche Sicherheit, die unserer oft ziellosen Rastlosigkeit und leeren Besitzbesessenheit fehlt.

In den Dörfern, die weitab von den wenigen Straßen liegen, weiß man nichts von unserer Konsumwelt und nichts von den Errungenschaften moderner Medizin. Dort nimmt man es immer noch als Schicksal hin, daß viele Kinder an Wurmbefall sterben. Für alle gäbe es sowieso nicht genug zu essen. Der Ertrag der steinigen Terrassenfelder, mit denen die fleißigen Bauernfamilien die Berge bis in dreitausend Meter Höhe wie ein Puzzle überzogen haben, ist armselig und läßt sich nicht steigern.

Die Ausgeglichenheit dieser Menschen erstaunte mich immer wieder. Unvorstellbar, daß sie Depressionen haben. Nie hört man von Selbstmorden. Und selbst den Leuten aus Kathmandu und

seinem Tal, wo es große Apotheken gibt, scheinen Psychopharmaka kein Begriff zu sein.

Kein Wunder, daß hier viele Ausländer leben. Sie nehmen es hin, daß das Zahnputzwasser desinfiziert werden muß und Briefe von Freunden und Familienangehörigen bisweilen einer radikalen Aufräumaktion im *Post Office* zum Opfer fallen, wenn sich dort während einer Festwoche mal wieder zu viel Papier angesammelt hat. Auch auf Stromausfälle sind die Fremden eingestellt. Und wenn das abendliche Gekläff der Hunde, die den Tag über in der Sonne gedöst haben und sich in der einbrechenden Dämmerung wichtig machen, allzu unerträglich wird, stellen sie einfach die Musik lauter und freuen sich, daß das indische Fernsehen für die Nepalesen noch in weiter Ferne liegt. Sie genießen die Rückständigkeit als Abwesenheit unserer überflüssigen Errungenschaften.

Überbevölkerung und Unterentwicklung haben für den Fremden noch weitere angenehme Seiten:

Man kann sich Hausangestellte leisten. Und ist auch nicht auf einen der vielen Zahnärzte angewiesen, die in einer Straße Kathmandus in armseligen Verschlägen hausen. Mit abenteuerlichen Schaufensterdekorationen demonstrieren sie Standesbewußtsein und versuchen, für ihre mit Pedalen betriebenen Bohrer Opfer anzulocken.

Immer wieder zog es mich nach Pashupatinath am Bagmati, dem heiligen Fluß Nepals, in eine malerisch zwischen Hügeln ausgebreitete Tempelanlage der Hindus. Viele Sadhus, Asketen, hausen dort in ihren Löchern neben den Verbrennungsplätzen für die Verstorbenen. Feierliche Stille: die Abgeschiedenheit einer klösterlichen Welt.

Hätte ich doch bloß geahnt, daß mich dort eines

der schrecklichsten Bilder meiner Reise erwarten würde! Plötzlich erscheint ein Trauerzug, Inder vermutlich. Vor meinen Augen wird eine bereits verkohlte junge Frau von ihrem Mann ungerührt aus den Leichentüchern gewickelt und zum zweiten Male auf dem Scheiterhaufen angezündet. Offensichtlich eine der unzähligen indischen Frauen, die von ihrem Mann ermordet wurde, damit er von einer zweiten – oder dritten – Mitgift profitieren kann. Die zwei kleinen Jungen der Toten sehen dem zweistündigen Ritual erstarrt zu. Indische Sitten nun auch hier? Bestürzt mache ich mich auf den Weg ins indische Kaschmir-Tal.

Daß ich im islamischen Kaschmir anderthalb Stunden früher als vorgesehen ankam – und sogar

zusammen mit meinem Gepäck – verdankte ich den Kontrollbeamten in Delhi, die mich zwar in ein falsches Flugzeug, aber immerhin eines mit der richtigen Richtung gesteckt hatten. Während der folgenden Wochen habe ich viele Stunden, sogar halbe Nächte auf Flugplätzen verbracht – immer mit ungewissem Ausgang. Diesmal war das Glück auf meiner Seite, und der Kaschmiri auf dem Sitz

neben mir kannte obendrein noch einen Hausbootbesitzer in Srinagar, bei dem ich besonders gut aufgehoben sein sollte.

Dankbar ließ ich mich in schwüler Mittagshitze durch die aggressive Menge der Hotelschlepper am Flughafen von Srinagar lotsen: Von der Autofahrt durch die Stadt habe ich nur Alpträume in Erinnerung. Irgendwo wurde ich in ein anderes Auto verfrachtet, schlief ein, hätte leicht ausgeraubt werden können. Doch ich hatte einen glücklichen Tag. Am Ende kam ich tatsächlich beim »besten aller Hausboothotels« an.

Es lag weit vor der Stadt, am äußersten Ende des Dal-Sees, um den sich Srinagar schmiegt – acht Hausboote von J. M. Butt, die an Charme und Service alles übertrafen, was ich je an Hotels kennengelernt habe.

Wer läßt es sich nicht gerne gefallen, morgens mit einem Tee und einer kleinen Massage geweckt zu werden und dabei über den weit in den See hinausragenden Seerosenteppich hinweg in die sanft ansteigenden Hügel der Himalayakette hineinzuträumen. Die freundliche Fürsorge des alten Dieners Mehemed, die stillen Shikarafahrten mit dem jungen, scheuen Lassa zu einsamen Stellen des Dal-Sees, wo nur gelegentlich die Silhouette eines schmalen Bootes mit Frauen auftauchte, die Schlingpflanzen im Wasser pflückten – diese länd-

Obwohl die Frauen in Nepal und Ladakh hart arbeiten, bleiben sie arm. Die Lebensfreude verlieren sie trotzdem nicht. Im Gegensatz zu manchem Touristen, der sich im klapprigen Überlandbus den Himalaya erobert – so weit die wenigen Straßen reichen

lichen Idyllen wären für mich wohl der einzige Grund, noch einmal nach Kaschmir zurückzukehren.

Denn das »Glückliche Tal«, wie es werbewirksam für die Touristen getauft wurde, ist zwar wirklich von einer abgerundeten, weichen Schönheit, aber glücklich bin ich dort nicht geworden. Nirgendwo sonst bin ich so übervorteilt, ja geradezu dreist betrogen worden, von Bestechungsversuchen ganz zu schweigen.

Sicher tue ich mit solchen Feststellungen den redlichen Bewohnern von Sonamarg Unrecht, die sich abends in den flach in die Felder geduckten Lehmhütten von der harten Arbeit erholen. Ich will auch die Arbeiter in den Stickereien ausnehmen oder die aus der Seidenfabrik der Gründerzeit. Mit ohnmächtiger Trauer denke ich an die kleinen Kinder mit ihren verkrüppelten Fingern, ihre hastigen, eckigen Bewegungen, die sich für einen halben Dollar pro Tag Glieder und Gesundheit an den Teppich-Webstühlen ruinieren müssen.

Der Fabrikbesitzer rühmte sich seiner flächendeckenden Fußbodenheizung unter dem aus Deutschland importierten Teppichboden und zeigte mir voller Stolz die Einladung zur Hochzeit seines Sohnes. Vater, Großvater, Brüder, Onkel waren ausführlich dort verzeichnet, alle mit ihren Berufen – zum Beispiel »Motorradverleiher«. Daß ich nach dem Namen der Braut auf der Anzeige suchte, versetzte den Fabrikanten in größtes Erstaunen. Da waren mir Einladungen bei den Hindus lieber, die in Kaschmir zwar in der Minderzahl sind, aber die besten Posten besetzen. Der englische *Way of life* prägt noch immer ihren Lebensstil, und sie halten sich viel darauf zugute, nie den *five o'clock tea* zu versäumen.

Begeistert klatschten und lachten sie, als ich im »Himalaya-Dirndl« durch die Straßen lief

Mitte September ist der letzte günstige Zeitpunkt, um mit dem Auto von Srinagar nach Ladakh zu fahren. Später sind die Pässe verschneit. »Klein-Tibet« – wie das Land am nördlichen Hang des Himalaya auch genannt wird – und seine Mönche erholen sich bei sibirischen Kältegraden von Touristen und Kaschmiris, die den Basar der Hauptstadt längst in ihren geschäftstüchtigen Händen haben. Auf keinen Fall wollte ich die Fahrt über die bis zu 4097 Meter hohen Pässe mit einem der klapprigen Überlandbusse machen, die Leh innerhalb von zwei Tagen erreichen. Ich nahm ein »Himalaya-Taxi«, das sich als Jeep entpuppte, und streckte die Fahrt durch Mondlandschaften und Hochwüste mit den eingesprenkelten Oasen auf drei Tage, damit der Organismus mehr Zeit hatte, sich an die dünne Luft zu gewöhnen.

Eigentlich braucht man mindestens zehn Tage, um sich im 3500 Meter hohen Ladakh-Tal halbwegs zu akklimatisieren. Während dieser Frist sind Kreislaufmittel ausnahmsweise noch wichtiger als das Durchfall stoppende »Immodium«, das Reisenden in diesem Teil der Erde so teuer ist wie der Inhalt ihrer Brieftasche.

Ghulam, mein 29jähriger Fahrer, holte mich morgens um sieben in Srinagar ab, damit wir noch vor Einbruch der Dunkelheit im orthodox-islamischen Kargil eintreffen konnten, wo er bei seinen Eltern und ich im Hotel übernachten wollte. Nachtfahrten sind auf der nur teilweise asphaltierten, einspurigen Straße verboten. Unsere Fahrt war wortkarg. Der Lärm von Motor und Wind und die fünfzehn englischen Vokabeln, die Ghulam zu knapp

dreißig Sätzen kombinieren konnte, setzten unserer Unterhaltung enge Grenzen.

Während der Fahrt festigte sich zusehends mein Eindruck, mindestens die Hälfte der indischen Armee sei im strategisch wichtigen Ladakh stationiert, das an Pakistan und China grenzt. Und aus Mangel an anderen Beschäftigungsmöglichkeiten werden die armen Soldaten offenbar tagaus, tagein die Serpentinen zwischen Srinagar und Leh hinauf- und heruntergejagt. Immer wieder warteten wir an den Ausweichstellen, um stinkende Konvois von achtzig bis hundert Armeelastern vorüberzulassen, deren Motoren sich in der Höhenluft ebenso schwertun wie die Menschen.

Nach einer Nacht in Kargil, das für seine unfreundlichen Einwohner und seinen reichen Vorrat an Flöhen und Wanzen berühmt ist, näherten wir uns dem buddhistischen Ladakh – und trafen an der mit Gebetsfahnen markierten Grenze schlagartig andere Menschen: Die Frauen – im Gegensatz zu Srinagar unverschleiert – lachten, die Blicke waren wieder offen.

Obwohl er zu Allah betet, begleitete Ghulam mich in die ersten buddhistischen Klöster, wo wir in verrußten Küchen mit den Mönchen gesalzenen Buttertee tranken. Er schmeckt gar nicht so übel, wenn man sich einbildet, es handle sich um eine etwas dünn geratene Fleischbrühe. In abgelegeneren Regionen kam Ghulam sogar mit in buddhistische Restaurants, allerdings nur, wenn er sicher war, daß ihn niemand von seinen Freunden aus Kargil sehen würde. Er mußte befürchten, sonst zu Hause aus der religiösen Gemeinschaft ausgeschlossen zu werden. Aber wenn die Ladakhifrauen uns mit ihren wettergegerbten Gesichtern anlächelten, lächelte auch er.

Die Frauen tragen alle das gleiche Mantelkleid aus braunem oder schwarzem Flanell, das sie mit einem roten oder grünen Tuch um die Taille zusammenhalten. Meist ist es ihr einziges Kleidungsstück, in dem sie tagsüber hinter den Gemüsekörben auf der Straße hocken und sich nachts auf die Schlafmatte rollen. Kindlich begeistert klatschten und lachten sie, als ich in ihrer Tracht, im »Himalaya-Dirndl«, etwas geniert durch die Straßen lief. Immer wieder faßten sie mich an und zeigten mir, wie das Tuch zu wickeln sei. Bald trug auch ich das Kleid nachts – als die Temperaturen in meiner Pension auf minus zehn Grad gesunken waren.

Tagsüber die Klöster: hoch, kahl und abweisend. Im mehrgeschossigen, galerieumgebenen Innenhof findet man Schutz vor den eisigen Winden. Überall das gleiche Warten auf den Mönch, der den Betsaal zeigen soll. Erst nach langer Zeit kommt der riesige Schlüssel – und der Block mit den Eintrittskarten.

Am schönsten sind die abgelegenen Klöster, zu denen man weit laufen, weit hinaufsteigen muß. Vor den leichter erreichbaren Klöstern stauen sich die Busse und lassen ihre höhengeschwächte, allergisch schnupfende Touristenfracht auf die dafür viel zu kleinen heiligen Stätten los.

Nach zehn Besichtigungen in zwei Tagen hatte ich

eine unruhige Nacht: Angstvisionen, in denen Götter mit Dämonenmasken die bösen Geister verjagten; rotgewandete, grinsende Mönche schlossen mir die Türen von wunderschönen, tausend Jahre alten, ausgemalten Beträumen auf und versuchten, mich mit Paukenschlägen und monotonen Gesängen zu retten. Drei Tage lang schüttelte mich hohes Fieber. Dann war Ladakh für mich beendet, ehe es überhaupt richtig angefangen hatte. Mit einem ärztlichen Attest bekam ich einen jener seltenen Flüge nach Delhi, wo ich, um mehrere Kilo leichter, in sengender Hitze landete.

Die nächste und letzte Station war Bhutan, das einzige lamaistische Königreich im Himalaya, stolze Oase einer gefährdeten Kultur.

Für Bhutan ein Einzelvisum zu bekommen, ist so gut wie ausgeschlossen. Die tausend heroinsüchtigen jungen Nepalesen im Tal von Kathmandu, Folge der rauschgetragenen Selbstverwirklichung von Europäern und Amerikanern, all die Bettelkinder und Müllhalden, die in den Himalaya-Ländern mit offenen Grenzen Touristen auf dem Fuße folgen, waren den Bhutanesen Warnung genug.

Sie lassen deshalb nur Reisegruppen in ihr Land. Kaum mehr als dreitausend Menschen haben im Jahr die Chance, dieses Königreich zu betreten. Sie müssen 130 Dollar pro Tag zahlen, Hotels und einheimische Führer inbegriffen. Eine Barriere, die funktioniert. Kluge Politik eines jungen Königs, der sein Volk liebt und nicht verkauft.

Also schloß ich mich in Delhi einer deutschen Reisegruppe nach Bhutan an. Damit war die Zeit der Einsamkeit, der Entdeckungen und Begegnungen auf eigene Faust zu Ende. Nun folgte heimatliche Gruppendynamik im Bus, in noblen Hotelpalästen und schlichten Herbergen, bei Gänsemarsch-Besichtigungen und europäisch nachempfundener Großküchenkost.

Die Grenze nach Bhutan ist ein riesiges bemaltes Holztor mit Pagodendach. Es ist das Tor zu einer Wunderwelt, einer Märchenlandschaft mit ursprünglicher, wilder Natur, mit Riesenzedern, von denen leuchtende Orchideen herabhängen, mit Bambushainen und Mischwäldern, die in 4000 Meter Höhe in Wacholder und Rhododendrongestrüpp übergehen. Zwar gab es nun für alles Unbekannte fachkundige Erklärungen. Aber sie rauschten an mir vorüber. Immer wieder verfingen sich meine Gedanken in den pastellfarbenen Gebetsfahnen, die zwischen den Bäumen bei Klöstern und auf den von Nebelschwaden umhüllten Pässen wie in einem Zauberwald wehten.

Auf den Fremden wirkt Bhutan völlig intakt und ist es wohl auch. Immer wieder die Bogenschützer in der bhutanesischen Tracht aus handgewebter, dunkelroter Rohseide, die auch ihr König trägt: ein Bild der Anmut und Harmonie. Nirgendwo bin ich mit Kritik, mit Urteilen, so sparsam gewesen. Hier stand ich in stiller Bewunderung, verstummt. □

In Bhutan ist nichts dem Zufall überlassen. Die vollkommenen Bewegungen der Tänzer und ihre Kleider fügen sich nahtlos in die Kulisse der Klosterburg von Thimphu, wo der junge König residiert. Zwar werden Straßen und Brücken mit Entwicklungsgeldern aus der Schweiz angelegt, doch der größte Teil des Landes ist noch unerschlossen

Hans Weber

DER ALTE MANN AUS SANAGAON

Von Kunda Dixit

Nur wenige Kilometer außerhalb von Kathmandu führen nepalesische Bauern das friedliche Leben ihrer Vorfahren

Als Birman
zwölf war,
verheiratete
man ihn
mit einem
zehnjährigen
Mädchen

Birman Maharjan ist 85 Jahre alt. Er sitzt auf der Terrasse seines Hauses außerhalb von Kathmandu, auf jedem Knie einen Enkelsohn, schnurrt in eine Wasserpfeife und spricht von alten Zeiten. Seine Stirn, gebrannt von der Sonne vieler Jahre, glänzt wie ein Tempelidol, und sein Gesicht zersplittert in fröhliche Falten, als wir über die Zeit sprechen, wo er uns zur Schule begleitete und Geschichten vom braunen Makak und dem bösen Krebs erzählte.

Ich bin bei Birman in Sanagaon, einem jener pittoresken Dörfer am Südrand des Kathmandu-Tals. Unsicher erhebt sich Birman, auf eine Art Knotenstock gestützt, und mit leicht verzerrtem Gesicht biegt er seine Knie gerade. Gemeinsam blicken wir über das smaragdgrüne Tal von Kathmandu, das sich unter uns ausbreitet. Mit seinem Stock deutet Birman auf die heiligsten Heiligtümer im Tal, die von seiner Terrasse alle zu sehen sind.

Die weiße Kuppel dort ist Bodnath, und siehst du den Pashupati-Tempel gleich rechts neben den Wäldern von Bankali? Drüben auf jenem Hügel, das ist Swayambhunath, und weiter gegen Norden hin, am Fuß der Shivapuri Hills, liegt Budhanilkantha. »Ich bin ein glücklicher alter Mann«, sagt Birman, und wieder legt sich sein Gesicht in vergnügte Runzeln, »ich habe von hier eine so gute Aussicht, daß ich alle Götter gleichzeitig verehren kann!«

Von derselben Terrasse aus können wir auch die neuen Heiligtümer des 20. Jahrhunderts sehen. Da ist das *Everest Sheraton* auf Baneswar Hill, einer braunen Warze zum Verwechseln ähnlich. Nicht weit davon befindet sich die staubige Narbe des »Tribhuvan International Airport«, wo man gleich einen ganzen Hügel abrasierte, um für ein neues Terminal Platz zu schaffen. Dort drüben liegt der »Royal Palace« mit seiner futuristischen pannepalesischen Pagode. Und dann der blutrote Rußerguß, herausgespien von der Himalayan Cement Company, am Anfang von Chobars bewaldetem Einschnitt.

Doch für Birman existiert das Neue nicht. Sein Orientierungspunkt bleibt der Tempel von Sankhu Narayan, dessen vergoldetes Dach unter die Strahlen der Mittagssonne blitzt. Es bleiben die Türme des Patan Durbar Square, die alte Brücke über den Bagmati bei den brennenden *ghats*, den Totenverbrennungsplätzen von Sankhamul, und die Trauben der braunen Häuser von Thimi. Er sieht den Teppich aus Reisfeldern auf dem Boden des Tals, eine Art Karomuster in vielfältig schattiertem Grün, und er ignoriert die bräunlichwuchernden Krebsgeschwüre der Ziegeleien.

Er wendet seinen Blick gen Süden zum halb von Wolken verhüllten Gipfel des Phulchoki, 2762 Meter über uns. Der »Berg der Blumen« ist der Sitz der Schutzgöttin Phulchoki Mai. Verehrungsvoll schaut Birman zum Gipfel, wohin sein Vater, als er noch ein Kind war, alljährlich mit ihm pilgerte, um *puja*, Opfergaben, darzubringen. Ein Felsabsatz dort oben ist mit verrosteten, dreizackähnlichen Eisenstücken »geschmückt«, den Hin-

terlassenschaften vieler Pilger. »Vier Stunden brauchten wir, um den Gipfel zu erreichen, und während des Aufstiegs kauten wir unentwegt Rhododendronblüten«, sagt Birman. Rhododendron-Staubgefäße besitzen angeblich eine narkotische Wirkung, die den Pilger die Strapazen des Aufstiegs nicht spüren läßt. Heute erhebt sich auf dem Phulchoki-Gipfel eine siebzig Meter hohe Mikrowellen-Relaisstation. Birman redet sich ein, das rote Warnlicht oben am Turm, das die ganze Nacht hindurch blinkt, sei Phulchoki Mais *tika* (der rote Fleck auf der Stirn von Hindufrauen), der nachts wie ein Signal leuchtet.

Wegen seiner nachlassenden Sehkraft fällt Birman kaum auf, daß die einst grünen Flanken des Phulchoki jetzt bräunlich-kärglich wirken, da man viele Bäume für Kathmandus Öfen gefällt hat. Die ehedem glatten, schlanken Kämme ähneln mit ihrer Silhouette jetzt einem alten Rechen mit ein paar verloren wirkenden Zinken – am immer kärglicher scheinenden Horizont.

In tiefem Flug donnert ein Jet über uns hinweg, und von den Flügelspitzen zeichnen sich Kondensstreifen in den azurblauen Himmel. Die Maschine kurvt schräg nach oben, wird um Phulchoki einen Bogen machen und dann ihrem fernen Ziel zustreben, den glitzernden Lichtern von Kowloon.

In Birmans Dorf Sanagaon hat sich wenig geändert. Mögen die Jets Sekunden nach dem Start vom Kathmandu-Airport auch tief über den Ort hinwegbrausen, Sanagaon ist im wesentlichen so geblieben, wie es schon im 16. Jahrhundert unter der Regierung von Siddhi Narsing Malla war, jenes Königs von Patan, der wünschte, daß die Leute möglichst nahe an der Stadt siedelten.

Sanagaon sieht heute weitgehend so aus, wie man sich Kathmandu oder Patan vor zweihundert Jahren vorzustellen hat, ehe die viktorianischen Rana-Paläste und die städtischen Zementhäuser in Erscheinung traten. Wie auch anderen Dörfern am Südrand des Tals ist es Sanagaon gelungen, dem Wandel moderner Zeiten größtenteils zu entgehen. Es gibt keine Elektrizität, keine Wasserleitungen und keine öffentlichen Aborte. Die Männer, Frauen und Kinder von Sanagaon gehen zum Waschen, Baden und Trinken einfach an den Dorfteich.

Die außergewöhnliche Fruchtbarkeit des Landes garantiert den dörflich-ländlichen Lebensstil und die fast vollständige Selbstversorgung von Sanagaon. Nahezu alles, was Birman zum Leben braucht, baut seine Familie auf dem üppigen, dunklen Boden rund um das Dorf selber an. Die Häuser des Ortes erheben sich auf einer Hügelhöhe wie in einer dichten Traube. Den ganzen Tag über sind die Menschen damit beschäftigt, vom Land Nahrung zu gewinnen, zu verarbeiten, zu lagern. Im übrigen widmen sie sich religiösen Dingen und der Kindererziehung. Das Dorf ist rings um die Stätten lokaler Gottheiten erbaut, eine bewohnte Insel im Grün der Reisfelder.

Die Einwohnerzahl von Sanagaon hat zwar zugenommen, aber man benutzte den weniger ergiebigen, höher gelegenen Boden für neue Wohnungen und hielt den tiefer gelegenen für die Feldbestellung frei. Regen sorgte dafür, daß die organischen Abfälle des Dorfes auf die Felder hinabgespült werden, wodurch der Boden wertvolle Nährstoffe erhält.

Birman kam um die Jahrhundertwende auf die Welt, und seine Familie bestellt seit Generationen dasselbe Fleckchen Erde. Er erinnert sich, wie er im Schulterkorb seines Vaters zu den Reisfeldern außerhalb des Ortes »ritt«, wo er seiner Mutter beim Aussortieren der Reissetzlinge fürs Pflanzen half. Wenn der Nachmittagsregen kam, schlüpften sie unter den rechteckigen Blätterschirm seines Vaters, der für alle drei groß genug war. Zwischen seine Eltern gekuschelt, futterte er gerösteten Reis und Sojabohnen und sah zu, wie der Regen auf den Feldern Pfützen bildete. Dabei geschah es, daß ihm sein Vater zum erstenmal die Geschichte vom braunen Makak und dem bösen Krebs erzählte.

Als Birman zwölf war, verheiratete man ihn mit einem zehnjährigen Mädchen aus Lubhu. Sie wurden gute Freunde. Als er fünfzehn war, schossen in Kathmandu und in Patan die Rana-Paläste in die Höhe, und in die höher gelegenen Dörfer kamen Bauunternehmer, die Arbeiter suchten. »Damals gab es keine *madiseys* (Flachlandbewohner)«, sagt Birman, »und so gingen sie in die umliegenden Dörfer und versuchten, Maurer und Hilfsarbeiter aufzutreiben.« Geschah dies zur Pflanz- oder Erntezeit, so konnte sich kaum jemand erlauben, die Felder im Stich zu lassen. Im Winter schloß sich Birman jedoch anderen jungen Männern an und wanderte mit ihnen tagtäglich zu einem Palast, der am Westrand von Patan erbaut wurde. Pro Tag erhielt er eine Rupie – »viel Geld in der damaligen Zeit«.

Die neue extravagante Mode, Prachtpaläste errichten zu lassen, war die Folge eines Besuches, den der erste Rana-Premierminister von Nepal, Jung Bahadur, England 1850 abgestattet hatte. Bis in die zwanziger Jahre dieses Jahrhunderts bestand jeder Bruder, Onkel oder Cousin des regierenden Rana-Premierministers auf seinen, eigenen Palast. Die Größe des Palastes entsprach jeweils dem Rang seines Bewohners in der Familienhierarchie. Der Premierminister Chandra Sumshere erbaute für sich selbst das Sigha Durbar, das eine Zeitlang als größtes Privatgebäude der Welt galt. Später beherbergte es alle Minister der nepalesischen Regierung, bis es 1974 durch einen Brand fast völlig zerstört wurde. Ranas von geringerem Rang hatten entsprechend kleinere Paläste. Der Palast, an dem Birman mitarbeitete, gehörte Chandra Sumsheres zehnjährigem Sohn, der als Lieblingskind seiner Eltern einen eigenen Palast bekam. Der Knabe hatte bereits den Rang eines Generals und eine eigens für ihn entworfene Uniform samt Schärpe, winzigem Hut und Stiefeln.

Die Ziegel für den Palast waren extra *king size*, mit aufgedrucktem Monogramm des Premierministers. Der beim Bau verwandte Lehmzement

wurde zunächst erhitzt, um die darin enthaltenen Samen zu sterilisieren, damit aus den Mauern und Dächern des Palasts kein Unkraut hervorsprießen konnte. Aus Italien ließ man den Marmor kommen. Aus England wurden viktorianisches Mobiliar, Tafelbestecke, Laternenpfähle, Toilettensitze eingeführt. Alles gelangte per Schiff nach Kalkutta und wurde dann über die Berge nach Kathmandu transportiert. Auf ähnliche Weise erreichte das erste Automobil die nepalesische Hauptstadt. Drei Dutzend Träger schleppten es über zwei steile Pässe. Auch der Treibstoff mußte auf Menschenrücken befördert werden, damit der Premierminister in seiner pferdelosen Kutsche in seinem Palast ein- und ausfahren konnte.

Bis zur Fertigstellung des Palastes in Patan vergingen sieben Jahre, doch er entpuppte sich dann als das Prachtvollste, das Birman jemals gesehen hatte. Die Talbewohner kannten nichts anderes als ihre aus ortsüblichen Materialien erbauten

Zwischen dem 85jährigen Birman und seinen Enkelkindern liegt der Sprung vom Mittelalter in die Neuzeit. Doch die Märchen, mit denen schon der Alte aufgewachsen ist, werden auch die Jungen weitergeben

Puppenhäuschen. Die grandiosen Paläste der Ranas mit ihrer verschwenderischen Pracht bildeten einen scharfen Kontrast zu den kargen Wohnstätten und dem einfachen Leben der Bevölkerung. Der Bau dieser Paläste in Kathmandu ist eine außergewöhnliche architektonische Leistung. Westliche Touristen sind immer aufs neue davon überwältigt. Für Birman aus dem Dorf Sanagaon war es wie ein Märchen.

Er konnte den Palast von seiner Dachterrasse in Sanagaon sehen, wo er morgens seine Gebete sprach. Er verehrte diesen neuen Tempel genauso, wie er den Bergen, der Sonne, dem Phulchoki und dem heiligen Bagmati-Fluß huldigte. Später, als

Chandra Sumsheres Gemahlin und sein jüngster Sohn den Palast bezogen, wurde Birman Leiter der Botenabteilung. Zu seinen Aufgaben gehörte es, den anderen Ranas – Onkeln und Tanten, Cousins und Neffen – rituelle Geschenke zu überbringen: ein Teil der hochkomplizierten symbolischen Kette von Gefälligkeiten und Gegengefälligkeiten. Birman half auch in der königlichen Küche, und wegen seines Geschicks beim Backen von *jilebis*, einem spiralenförmigen, in Sirup getunkten Gebäck, wurde er schließlich zum Koch befördert. Birman meint, er habe in seinem Leben vermutlich mehr *jilebis* produziert als es »Sterne am Himmel gibt«.

Wegen seines Geschicks beim Backen wurde Birman zum Koch des Königs bestellt

Meine früheste Erinnerung an Birman stammt aus der Zeit, als er bei meinem Vater noch eine Art »Mädchen für alles« war. In unserer großen, weitgestreuten Familie spielte Birman für mich, meinen Bruder, meine Schwester und ein halbes Dutzend Cousins den Babysitter. Nachts, beim Flackerlicht einer Laterne, erzählte er uns die Geschichten, die sein Vater ihm erzählt hatte, wenn sie in den Reisfeldern von Sanagaon den Regen abwarteten. Er entfachte unsere Phantasie, und die wellenförmigen Schatten der Laterne an der Decke wurden zu Silhouetten seiner Märchengestalten. Später begleitete er uns drei zur Schule. Auf dem Weg erzählte er uns vom Makak und dem Krebs, eine »unendliche Geschichte« mit immer neuen Episoden.

Als wir alt genug waren, um allein zur Schule zu gehen, kamen uns diese Märchen ziemlich kindisch vor. Wir gingen ins Ausland, besuchten Universitäten in Indien, später in Europa. Als wir schließlich nach Hause zurückkehrten, war Birman immer noch da, lächelnd und unverändert wie Urgestein. Gewiß, sein ehemals schwarzer Schnurrbart war ein wenig angegraut, er stützte sich auf einen Stock, aber damit hatte es sich schon. Wie unglaublich verändert muß er uns dagegen gefunden haben!

»Gestern noch Babys und heute so hoch wie die Tür und sprechen untereinander englisch!« Und wir, ganz erfüllt vom Stolz auf unsere neuen Errungenschaften, fragten Birman: »Möchtest du ein *Coke*?«

An Birmans Lebensgeschichte lassen sich die Veränderungen ablesen, die die nepalesische Gesellschaft in diesem Jahrhundert durchgemacht hat. Birmans frühe Jahre in Sanagaon verliefen selbstgenügsam und voller Zufriedenheit. Es war eine Zeit, in der man alle Heimsuchungen und Plagen auf böse Geister zurückführte, die man regelmäßig durch Opfer oder Wallfahrten zum Gipfel des Phulchoki besänftigte; eine Zeit der Harmonie mit der Natur.

Als junger Mann machte Birman Bekanntschaft mit der Rana-Ära und lernte, wenn auch in begrenztem Maße, die »Außenwelt« kennen: einen Zuckertorten-Palast in Patan, Generäle mit Paradiesvogelfedern auf stolzer Fahrt in Automobilen auf den staubigen Straßen des Tals und das erste elektrische Straßenlicht.

Im Jahre 1951 erlebte Birman, der inzwischen drei Söhne und eine Tochter hatte, den Sturz der Ranas und das Emporkommen einer neuen Elite, die davon profitiert hatte, so etwas wie Höflinge des Adels zu sein. Es war eine Zeit großer Veränderungen und neuer Machtverhältnisse. Wieder schwappte eine Bauwelle hoch, diesmal für Amtsgebäude und Ministerien. Nepal war plötzlich sehr darauf bedacht, seinen Status als souveräner Staat zu dokumentieren. Es wollte sich von den Fürstentümern des Subkontinents, die der Indischen Union einverleibt wurden, unterscheiden. Man bemühte sich um alles, was zu einer selbständigen Nation gehört: einen Obersten Gerichtshof, Parlament, Rundfunksender, Gesundheitsfürsorge, einen Postdienst, einen Flughafen, Straßen. Unterentwickelte Dörfer waren zwar peinlich, doch die Pflasterarbeiten für die Straßen der Hauptstadt hatten Vorrang.

Birmans Söhne, heute um die vierzig, haben erlebt,

daß die drei Jahrzehnte offizieller »Entwicklung« in Sanagaon wenig veränderten. Nur fünf Kilometer von der Stadtgrenze geht das Leben fast noch genauso seinen Gang wie früher. Wie in vielen anderen Teilen des nepalesischen Hinterlands scheint das 20. Jahrhundert auch an Sanagaon spurlos vorübergegangen zu sein. Und wenn man die Zerstörung, ja Verwüstung in den »entwickelten« Gebieten des Landes sieht, so scheint mir, daß Sanagaon das bessere Los gezogen hat. Gewiß, das Dorf könnte ein gesünderes Trinkwassersystem brauchen, um so die Kindersterblichkeit zu verringern. Auch wäre eine gründliche Impfaktion ratsam, um die Kinder vor tödlichen Masern-, Polio- und Diphtherieepidemien zu schützen. Birmans Söhne tragen abgewetzte amerikanische

Jeans und verzichten ganz auf die traditionellen selbstgewebten Baumwoll-Jodhpurs, doch sie arbeiten noch immer auf den Reisfeldern, die schon ihren Vorfahren gehörten. Sie benutzen die gleiche Sichel und den gleichen Schulterkorb, den ihre Vorfahren benutzten. Sie brauen Reisbier und destillieren weiter den *raxi*, ihren Schnaps, mit Methoden, die von Generation zu Generation weitergegeben worden sind. Birmans Enkelsöhne spielen die gleichen Spiele, lernen die gleichen Lieder und hören die gleichen Märchen wie Birman, als er klein war. Sanagaons Kinder tragen zwar Mützen mit der Aufschrift »Honda« und T-Shirts mit dem

computergezeichneten Bild von Brooke Shields. Doch die Veränderung berührt nur die Oberfläche. Sanagaon ist weiterhin tief in seiner bäuerlichen Tradition verwurzelt. An den Wänden der Häuser hängt roter Chili zum Trocknen, und der Winterweizen wird zum Trocknen noch immer auf dem Dorfplatz ausgebreitet. Obwohl der Samen von der besseren mexikanischen Sorte ist und dank des von der Dorfkooperative verkauften Kunstdüngers ausgezeichnet gedeiht, ist die Arbeit weitge-

hend manuell geblieben, und die Pflanztechniken haben sich nicht geändert. Mögen auch Jets über sie hinwegbrausen, die Bauern von Sanagaon pflügen ihre Felder wie zu alten Zeiten mit bloßen Händen. Mit vorgebeugtem Oberkörper wenden sie sorgsam die üppige, dunkle Erde. Birmans Söhne haben auf dem Weg zu ihren Feldern immer noch einen Korb mit Pflug und Sichel an ihrem Schulterholz hängen und im anderen Korb, als Gegengewicht, einen oder zwei Söhne.

So bleibt am Ende die Feststellung, daß sich Lebensstil und Mentalität nur bei Nepals städtischer Elite verändert haben. Bei den Söhnen und Töchtern der Privilegierten von Kathmandu, die sich durch ihre internationale Ausbildung westliche Wertvorstellungen angeeignet haben. Doch der Westen, das hochgeachtete Vorbild, ist außerhalb ihrer Reichweite, und die Versuchung, sich nach seinen flüchtigen Reizen zu strecken, hat sie weit von ihren eigenen Wurzeln entfernt.

Einerseits sind sie stolz darauf, einer globalen Kultur zuzustreben, und fühlen sich über engstirnigen Chauvinismus erhaben. Andererseits fühlen sie sich dort, wo sie geboren und aufgewachsen sind, nicht mehr zu Hause. Das Gefühl für Heimat stellt sich erst wieder ein, wenn sie einen Menschen wiedersehen, der ein Teil ihrer Vergangenheit ist und

all das verkörpert, was einmal gut und gesund war. Es ist die nepalesische Seele, wie sie Birman verkörpert.

Ich flog in diesem Sommer nach Hause, vom Kennedy Airport in New York nach Kathmandu. Sekunden bevor der Jet auf der Landebahn aufsetzte, sah ich, wie Sanagaon unter den Tragflächen der Maschine vorüberglitt. Ich besuchte Birman. Und mir wurde erneut bewußt, wie sehr ich der Heimat entfremdet war. □

Segen und Fluch bedeutet die lange Monsunzeit für die Himalayaländer. Der Regen bewässert die Reisfelder, reißt mit seinen Fluten aber auch die Terrassenanlagen und Straßen fort, die in mühsamer Kleinarbeit ständig erneuert werden müssen. Wer keine Lasten transportieren muß, schützt sich mit Bambusschirmen gegen das Naß

Überall versteckt,
in Hinterhöfen und
Seitengassen,
warten Kathmandus
Tempel und Stupas
auf die Gläubigen

In Kathmandu treffen sich seit Jahrtausenden
Völker, Rassen und Kulturen

WELTSTADT IM HIMALAYA

Von Hans-Georg Behr

Zehn Tage im Herbst feiern die Nepalesen Durga Puja. In den Tempeln und auf den Straßen werden Tausende von Hähnen, Ziegen und Wasserbüffeln zu Ehren von Durga, der 16armigen Göttin, geopfert. Das Blut der Ziege auf dem Autokühler soll dem Taxifahrer den Segen der Göttin sichern. Der Glaube gibt den Nepalesen ihre Gelassenheit – ob beim Zuschauen im Festgewand oder im Alltag auf dem Markt und in den dörflichen Straßen

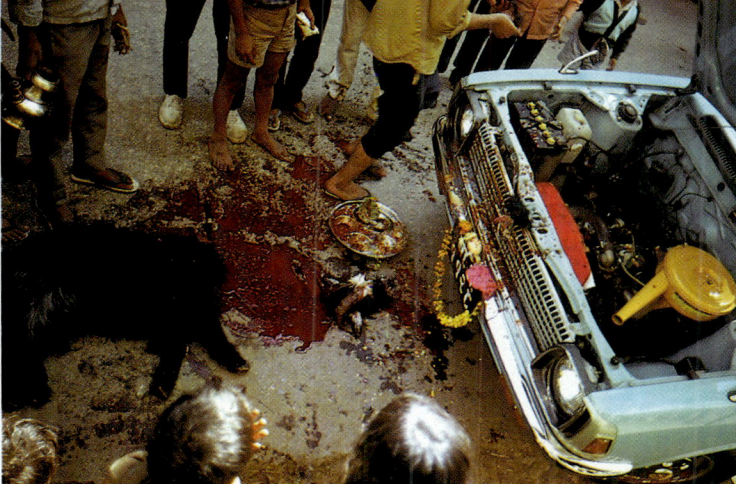

Wie soll ich nur beschreiben, was es hier alles Erstaunliches gibt? Was ich gehört hatte, traf zu und wurde übertroffen. Inmitten dieser unfaßbar hohen Berge sah ich plötzlich ein weites, fruchtbares Tal. Täler gibt es viele. Auch Städte, doch keine wie diese. Hier scheinen alle Reichtümer der Welt und alle Verrücktheiten gehäuft: Prachtvolle Tempel, kunstvolle Paläste und Klöster, die neuesten Waren aus aller Welt und uralte Kostbarkeiten, alles in einem unendlichen Basar, auf dessen Straßen achtlos der Schmutz fällt. Fast jedes Haus ist ein Geschäft, und die Händler sind so gewitzt, daß man mit ihnen sehr sorgsam feilschen muß. Es ist sehr laut hier, denn alle Völker der Welt scheinen über diese Märkte zu laufen. Auch viele Fromme nehmen weite Wege auf sich, hierher zu kommen, und sie haben viel zu bepilgern, denn noch nirgendwo sah ich so viele Götter wimmeln.« Soweit der Zeitgenosse Huan Chwang über Kathmandu im Jahre 637 westlicher Zeitrechnung.

Dabei scheint's geblieben. In der Hauptstadt Nepals leben zwar mittlerweile gut eine Million Menschen – vielleicht ein paar hunderttausend mehr, vielleicht weniger, so genau weiß das niemand –, aber die heiligen Kühe trotten noch immer durch die Straßen Gut, die von Herrn Chwang so gelobte »reichliche Milch« spenden sie nicht mehr, aber dafür besorgen sie gemeinsam mit den unzähligen Straßenkötern die Straßenreinigung. Auch der König regiert das Ganze noch »mit fester Hand und guten Absichten«. Derzeit heißt er Birendra Bir Bikram Shah Deva, und seine Beamten sind immer noch »sehr geldgierig und erwarten für jede Pflichterfüllung eine besondere Belohnung«. Eingetroffen ist auch, was Herr Chwang am Ende seines Berichtes vermerkte: »Es scheint, daß die Stadt sich westwärts entwickelt.« Das wird seitdem immer wieder in allen Tonlagen zwischen Bedauern und Hoffnung diskutiert. Tatsache ist, daß Kathmandu in den vergangenen 13 Jahrhunderten fast genau zehn Kilometer westwärts wanderte, samt Palästen, Läden und Straßenkötern.

Auch liebe Menschen aus dem Westen,

AUCH MIT DEN GÖTTERN DARF MAN FEILSCHEN. WILL MAN ETWAS, MUSS MAN SIE BEWIRTEN

In Kathmandu ist
der Kunde König.
Das Gewand wird in
einem Tag auf den
Leib geschneidert,
der Service beim
Frisör schließt auch
eine Massage ein.

Nur der Zahnarzt
wartet vergeblich auf
Opfer für seinen
pedalgetriebenen
Bohrer. Die Festtags-
kleidung der kleinen
Mädchen trügt:
Auch sie müssen

zum Lebensunterhalt
der Familie beitra-
gen. Nur die heiligen
Männer sind frei
von irdischen Sor-
gen. Ihnen etwas
zuzustecken, ist für
jeden eine Ehre

die hier das erste Mal die dicke Staubluft schnuppern, sind verstört. Zuviel ist hier los und ganz anderes als erwartet. Das magische Wort Kathmandu ist belastet mit Mystik, Geheimnissen, Exotik und vielleicht noch einem Rüchlein Haschisch. Und nun sind sie in einer schrillen Großstadt gelandet, in der es dörflich zugeht, in einem permanenten Chaos auf den Straßen und zudem noch in einem kulturell-zivilisatorischen.

Ja, Sie dürfen sich genervt fühlen. Von den Straßenjungen, die jedes Bleichgesicht mit ihrem penetranten »Hello, my friend come to my shop! Exchange money? Haschisch?« verfolgen. Von dem entsetzlichen Kitsch, den man dauernd vor Ihren Nasen schwenkt. Von der Unverschämtheit der Händler. Von dem unendlichen Krach, den nach Ende der Verkehrszeiten die Köter besorgen. (Tagsüber sind die Ärmsten völlig erschöpft und schlafen als abstoßende Anblicke auf den zahllosen Müllhaufen.) Und dann werden Sie so durch die Stadt gehen, wie es Newar, die alteingesessenen Einwohner von Kathmandu, hinreißend parodieren können: etwas angestrengt zwischen Ekel und Neugier balancierend, Fotokram und ähnliche Kostbarkeiten eng an den Körper gedrückt, stets gedämpft explosionsbereit.

Newar genießen diesen Anblick mit ungedämpfter Schadenfreude. Sollten Sie mit ihnen ins Gespräch kommen, werden Sie sehr schnell jene leicht arrogante Süffisance entdecken, die auch New Yorker auszeichnet. Das gilt für alle Kasten, auch die untersten: Newar verstehen sich als Weltbürger, als urbane Höchstentwicklung aller Völker. Schließlich kommt »die Welt« schon seit Jahrhunderten hierher. Zunächst als jenes bunte Rassengemisch, das sich in den unwegsamen Himalaya-Tälern Stamm für Stamm entwickeln konnte, und nun eben auch in Gestalt noch weiter gereister Barbaren. Aber ob jemand mit Tauschgütern aus den Bergen oder mit Devisen vom Flughafen kommt – für Newar ist man nur dazu da, schuldigen Tribut zu hinterlassen. Im Verständnis der Fremden: übers Ohr gehauen zu werden.

Alles ist Geschäft, selbst die atemberau-

DIE STADT IST EIN UNENDLICHER BASAR. HIER SIND ALLE VERRÜCKTHEITEN GEHÄUFT

Der Bhimsen-Turm, wo die Händler ihre Waren feilbieten, und der alte Palast, wo die Gurkhas zu Ehren des Königs paradieren, sind Zeugen der Rana-Epoche. Die Ranasippe herrschte bis 1951 rücksichtslos über Nepal. Dann gewann das Königshaus seine alte Macht zurück. Auch wenn die junge Generation sich westlichen Einflüssen öffnet – der König bleibt ein Gott, und die Heilige Kuh wird selbst im dichtesten Verkehr niemand vertreiben

bend kunstvollen Stupas und Pagoden sind Investition. »Auf diese Weise wird der Ruhm unserer Stadt noch weiter strahlen, und noch mehr Fremde werden kommen, mit denen wir guten Gewinn machen können«, begründete Kathmandus barocker König Pratapa Malla den Bau des schönsten Tempels. Auch mit den Göttern darf nach Basar-Art verkehrt werden. »Im Grunde halten wir's mit ihnen wie mit unseren Beamten«, erklärt mir Amir Ratna Shakya, Doktor der Volkswirtschaft. »Will man was von ihnen, muß man sie bewirten. Sie bekommen für alle Sinne etwas: Farben, Blumen, Essen, Räucherstäbchen, Musik, ein Stück Stoff als symbolisches Kleid und natürlich auch Geld. Und wenn man alles schön dargebracht hat, kommt die Bitte – die kann ein Gott doch dann nicht abschlagen.« Sie dürfen auch beschummelt werden. Durga zum Beispiel, die schreckliche Muttergottheit, dürstet nach männlichem Blut. Also gibt es keine kleinen Jungen im Tal, nur Mädchen – geschminkt und geschmückt bis zur Konfirmation, wenn der göttliche Blutdurst anscheinend versiegt. Auch die im Hinduismus gebotene harsche Behandlung von Witwen wird locker umgangen: Jedes Mädchen wird einem Gott und der Sonne verheiratet. Da zählen irdische Männer nicht mehr.
So weit, so traditionell. Wenn Sie wollen, können Sie den alten Zauber des Tales von Kathmandu immer noch erleben, ungebrochen. Setzen Sie sich an einem Winternachmittag vor die große Stupa von Bodnath. In weniger als einer Stunde bekommen Sie die gesamte ethnographische Musterkollektion des Himalaya von Ladakh bis Bhutan serviert, die Stupa umkreisend und die Gebetsmühlen drehend. Gegen Abend wird die Gangart der verwegen aussehenden Männer etwas schwer: wie in alpinen Wallfahrtsorten umlauern eine Menge Kneipen den heiligen Platz, und es duftet säuerlich nach Reisbier und Schnaps. Oder gehen Sie nach Pashupatinath, zum großen Heiligtum Shivas. Dort treffen sich Pilger aus ganz Indien und stürzen sich mit heiliger Inbrunst in den heiligen Fluß Bagmati. Der ist zwar nur ein Rinnsal, aber sein Schmutz wäscht garantiert alle Sünden

DEM FREMDEN ERSCHEINT DIE BUNTE METROPOLE WIE EINE DURCHGEDREHTE ZEITMASCHINE

weg, und wer hier verbrannt wird, darf auf eine bessere Wiedergeburt hoffen. In den Rauch der Verbrennungsplätze mischt sich ein anderer, nicht weniger charakteristischer – Hanf aus vielen Wasserpfeifen hustender *babas.* Hier gibt es sie *en masse,* die Wanderheiligen des Hinduismus, an denen keine westliche Kamera unbeklickt vorbeiwandert, und sie betteln hinreißend. Wer viel durch Indien reist, wird das Gefühl nicht los, überall dieselben zu sehen. Kein Irrtum – Babas leben davon, zum rechten Zeitpunkt am rechten Pilgerplatz einzufallen, und dazu benutzen manche auch das Flugzeug. Im übrigen ähneln sie ein wenig den Hippies, und die Regierung sieht sie mit ähnlichem Unbehagen. Nach Shivas heiliger Nacht im Februar werden sie eingesammelt und in Lkws an die indische Grenze verfrachtet – Ende der Heiligkeit.

Oder besuchen Sie einmal vor Sonnenaufgang Swayambhunath, die große Stupa auf dem Hügel im Westen des Tales. Wenn Sie sich am Ende der atemberaubenden Treppe umdrehen, liegt das erwachende Kathmandu vor Ihnen, in mystische Nebel gehüllt, und darüber leuchten die Himalaya-Riesen in einem märchenhaften Blau – Caspar David Friedrich hätte sowas geträumt. Einige hundert Newar werden Ihnen Gesellschaft leisten, in stiller Andacht, mit fröhlichen Gesängen zu Ehren der Götter, und alle beten sie um gute Geschäfte.

Die werden allerdings nicht auf dem Basar gemacht. Dafür gibt es die nagelneuen Villen, von denen jede den x-fachen Lebensunterhalt der darin wohnenden Staatsdiener kostet. Ach was, Korruption wurde hier stets wie ein Staatsanzug getragen, und Kathmandu war immer schon der Supermarkt des Himalaya. Nun ist es auch das Schwarzmarktzentrum für den indischen Subkontinent geworden. Hier laufen noch viel weitergespannte, dunklere Geschäfte. Keineswegs lichtscheu – stets ist stadtbekannt, wer gerade »Mr. Big« im Heroingeschäft ist. Doch es gibt auch einen Mr. Bigger, und höher will niemand zu den Göttern blicken. »Die Kriminalität ist so hoch angesiedelt, daß für das einfache Volk gar keine mehr übrigbleibt«, sagt ein deutscher Freund, der hier als Professor lebt.

Zu Billigstpreisen können Sie dieses andere Kathmandu allabendlich im Casino studieren. Etwas popelig sieht es aus, ist aber laut Eigenwerbung »das einzige legale Etablissement dieser Art zwischen Suez und Macao«. Da sitzen blasierte Bleichgesichter und koreanische Berufsspieler und versuchen, sich gegenseitig abzuzocken. Nepalesen haben ihre eigenen Spielhöllchen, und für sie ist der Laden *off limits.* Die dennoch hier sind, haben dem Portier ein paar Rupien gelöhnt und spielen nicht. Hier wird im Flüsterton Ernsteres verhandelt, beispielsweise mit indischen Schwarzmarktnabobs die Kurse für illegale Goldtransfers. Richtig: Sie sind an der Börse.

Einen dieser Untergrundmanager traf ich anderntags bei einem *joshi,* einem Astrologen, in einer versteckten Seitengasse wieder. Da saß der sonst so lautstarke Parvenu demütig vor dem zerbrechlichen alten Herrn hinter dem kleinen, uralten Holztisch, auf dem ein ferner Vorfahr die Linien der Gestirne markiert hat. Mit einem massiv goldenen Stift zieht der Joshi die Horoskoplinien nach, und aus dem Fall eines Reiskorns bestimmt er das gerade anstehende Schicksal. »Er hat das dritte Auge«, flüsterte der Gangster respektvoll und fügte sich darein, daß die Sterne für ein Tonnengeschäft Heroin nicht günstig standen.

Vielleicht sind Joshis die wahre Macht des Tales. Bei allen Entscheidungen werden sie konsultiert, und ihr Rat gilt den Nepalesen als heilig. Eine Handvoll uralter, bescheidener Männer rät Eheleuten, Gangstern, Managern, Ministern und königlichen Hoheiten, was den Sternen zufolge wie und wann zu tun sei, und sie nehmen von keinem Kunden mehr Honorar als eine Handvoll Reis. Nur die Lebenshoroskope, die bei der Geburt jedes Newar liebevoll auf haltbares Pergament gemalt werden und für alle künftigen Konsultationen den »wahren Stand der Gestirne« festhalten, kommen etwas teurer.

Den Schlüssel zur Seele des Tales danke ich Bhai Raja Shakya, der mir nach vielen Jahren Freundschaft seinen *aghan* zeigte, das Familienheiligtum. Es ist meist nur eine schlichte Truhe, die bei bestimmten Festen als Altar dient. Doch in ihr liegen die Geburtshoroskope aller Vorfahren samt Todesdatum, mal kopiert, mal auf dünne Silbertafeln graviert, weil es haltbarer ist. In Bhai Rajas Fall reichen sie lückenlos bis in das zweite vorchristliche Jahrhundert. Und das ist nicht das Privileg weniger Adelsfamilien – die Bauernfamilie neben mir muß 37 Kopf auf knapp 60 Quadratmetern unterbringen und hortet 53 Generationen in einer alten Blechschachtel.

Als ich Bhai Rajas Truhe sah, wurde mir einiges klar. Zunächst einmal das Selbstbewußtsein der eingesessenen Bürger Kathmandus, das wir bei aller Herzlichkeit und Gastfreundlichkeit oft genug auch als Arroganz zu spüren bekommen. Was haben wir denn zu bieten außer persönlicher Hemdsärmeligkeit und Scheckbuchfrüchten? In den Augen der Newar sind wir nicht weniger Barbaren als jene rauhen Bergleute, die ihre Jahre noch nach Tieren zählen und die man deshalb besten Gewissens übers Ohr hauen darf.

Von allen Himalaya-Völkern wissen wir am wenigsten über die Newar, die seit Jahrhunderten Kultur und Wirtschaft dominieren. Mit Tibetern kommt man leicht ins Gespräch, mit dem bunten Stammesgemisch der Nepalesen auch – Newar halten sich vornehm zurück, auch vor neugierigen Wissenschaftlern. Sie haben ein Medizinsystem entwickelt, das unserem weit überlegen ist, aber sie hüten es als ihr Geheimnis. Sie verbergen, so gut es geht, ihre Geschichte, und auch über ihre Götter speisen sie uns nur mit Andeutungen ab. Ja, selbst Menschenopfer gibt es noch, mitten in dieser scheinbar so modernen Stadt. Und noch vieles, das man Barbaren eben nicht erklären kann und will.

Doch es erklärt, warum Newar so gelassen dieses Tal ertragen können, das uns oft wie eine durchgedrehte Zeitmaschine erscheint. Zweihundert Jahre

Zivilisationsgeschichte finden hier statt – auf zwanzig komprimiert, mit all dem Chaos, Auge und Herz Verstörenden, das dazugehört. Das Tal ist eine permanente Baustelle, ohne daß ein Plan sichtbar würde oder gar eine Vorstellung von Vollendung. Newar stört das nicht. Sie freuen sich kindlich über jedes neue Spielzeug der Technologie, hängen ihr Vermögen immer noch ihren Frauen als Schmuck um den Hals, investieren ihr Schwarzgeld an der Börse von Hongkong und gehen am Abend zu ihren Tempeln, um dort nach uralten Weisen laut das Lob ihrer Götter zu singen. Dazu rauchen sie fürchterlich viel Hanf, und wer einmal so einen abendlichen *bhajan* erleben durfte, weiß, was wir im Westen an Musik und Herzlichkeit verloren.

All dies ist *mahamaya*, die große Täuschung des Irdischen. Die kunterbunte Metropole mit ihren Zeitsprüngen, Widersprüchen und Verwirrungen ist für Newar nur ein Wellenkamm schillernder Blasen auf einem Meer unvorstellbar tiefer Traditionen. Das Selbstverständnis der Newar wird aus dem *aghan* gespeist, aus der endlosen Kette von Generationen.

»Was der Mensch zu sehen glaubt, stimmt nicht«, sagt Bhai Raja. Er ist Hofgoldschmied wie seine fünfzehn Vorfahren, doch seine Werkstatt ist ein winziges Loch beim großen Kino. In deren vorsintflutlichem Tresor ruhen Edelsteine für ein paar Millionen – totes Kapital, und Bhai Rajas Haupteinkommen sind ein paar Taxis. Bringe das einer auf die Reihe!

Oder Herr Shresta. Den ganzen Tag liegt er entspannt in seinem Kupferladen. Der sieht aus wie zu Großvaters Zeiten und befindet sich im ersten Stock eines sehr feinen Hauses. Der Laden ist auch ein Museum – Herr Shresta ist nebenbei der reichste Newar und als Industrieller etwa so gewichtig wie bei uns Flick und Krupp zusammen. Auch die Bank gegenüber gehört zu seinem Imperium, aber sein Leben ist unverändert das eines ehrbaren, altmodischen Kupferhändlers.

Seine Söhne ließ er in Harvard, Cambridge, Peking und Odessa studieren, »um einmal verschiedene Meinungen im Hause zu haben«. Aber anders leben werden sie auch nicht. Keiner von ihnen erstrebt etwas anderes als die Großfamilie im Schutz der Götter.

»In Kathmandu ändert sich nichts«, sagt Herr Shresta, »und was sich äußerlich ändert, zählt nicht. Wir sind seit Jahrhunderten ein Marktplatz, auf dem sich alle möglichen Kulturen treffen. Aber unsere Wurzeln sind tief genug, daß sie uns abhalten, nach Moden zu tanzen. Wir haben unsere eigene Welt, unabhängig von der Stadt, und das andere sind doch nur verschiedene Gegenwarten.«

Vielleicht gehen Sie einmal nächtens durch Kathmandu. Dann ist der bunte Supermarkt hinter klapprigen Türen verschwunden, und im spärlichen Licht scheinen die Dämonen der geschnitzten Fenster zu leben. Das Tal ist von der ewigen Melodie des Hundegekläffs erfüllt und den aus Tausenden Radios plärrenden Hindischnulzen. Doch das alles ist nur Hintergrundmusik für die Zimbeln, Tablas und kehliger Gesänge aus den Tempeln. Vielleicht ist Kathmandu nur ein Traum, der Tagtraum einer Metropole aller Völker, der nächtliche einer Märchenstadt mit wirklichem Leben. □

Patan ist neben Kathmandu und Bhaktapur die dritte Königsstadt im Tal von Kathmandu. Steinerne Reittiere bewachen die Eingänge der unzähligen Pagoden

WIR LEBEN IN UNSERER EIGENEN WELT, DAS ANDERE SIND DOCH NUR VERSCHIEDENE GEGENWARTEN

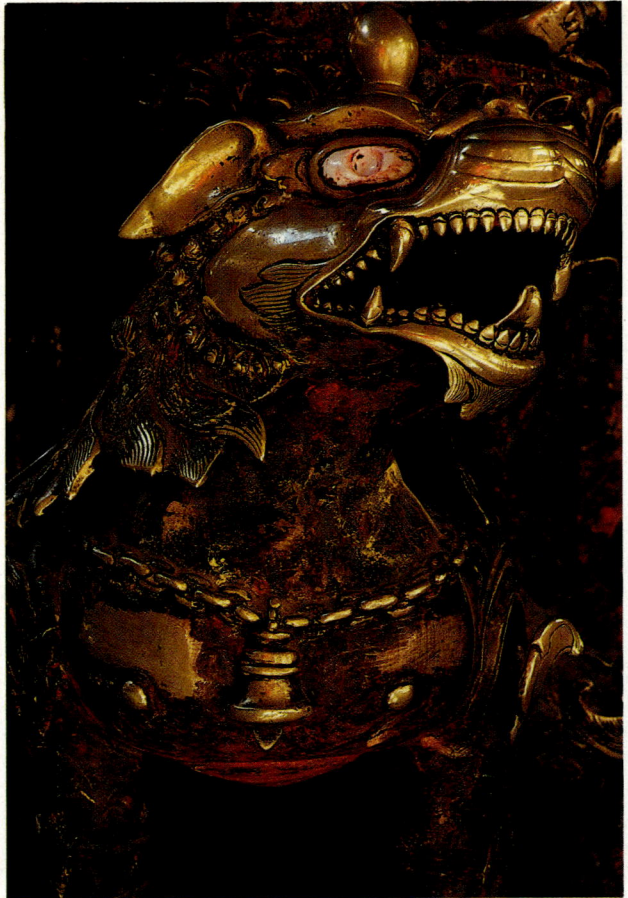

EIN LEBENDIGES MUSEUM

Die Kunst der Newar

Die Göttin Lakshmi, deren Abbild die Newarkünstler im Königspalast von Patan aufgestellt haben, muß ihnen das ersehnte Glück gebracht haben. Sie wurden nach Tibet, Bhutan und China gerufen. Auch dort schufen sie so phantasievolle Kunstwerke wie den bronzenen Wächter des goldenen Tempels in Patan

Krieg zerstört, Friede baut auf. Das Goldene Zeitalter der Newarkultur beginnt im 15. Jahrhundert unter König Jayayaksha aus der Hindudynastie der Malla. Der Herrscher beauftragt Künstler, Handwerker und Architekten der Newar, der Ureinwohner des Tals von Kathmandu, mit der Neugestaltung der drei Königsstädte Kathmandu, Patan und Bhaktapur, damals Bhadgaon. Paläste, Klöster und Pagoden entstehen. Eine Architektur für Götter und für Menschen, die keinen Unterschied zwischen himmlischen und irdischen Bauten macht. Die Kunst der Ne-

war spiegelt auch die Toleranz der Religionen in Nepal wider. Buddhismus und Hinduismus vermischen sich in diesem Tal der Völker und Kulturen. Im Tempel des Dattatreya am Tacapala Tole von Bhaktapur sind Vishnu, Shiva und Brahma friedlich vereint. Gestalten der Hindu-Epen und der buddhistischen Mythologie, in Holz geschnitzt, in Stein gehauen, stützen die Dächer, ranken sich an Fenstern und Türen. Das Pantheon der Götter und ihrer Tiere ziert den Kumbheshwara-Tempel in Patan ebenso wie den Pujari Matha, das Haus der Priester, in Bhaktapur. Immer wieder schlägt der Pfau, eine Inkarnation des Gottes Shiva, in den Straßen sein hölzernes Rad. Drachen, fliegende Pferde, geflügelte Löwen und Dämonen, die bunte, dunkle Welt des tantrischen Buddhismus aus Tibet, ist in die Religion der Newar aufgenommen worden und hat unter den Händen ihrer Künstler vielfältige Gestalt angenommen.

Auch das königliche Bad im Palast von Patan ist vor Kunsträubern nicht sicher. Stück um Stück verschwinden die steinernen Ornamente aus ihren Nischen, werden die hölzernen Verzierungen abgebrochen. Das Ausmaß der Diebstähle ist so erschreckend, daß die Unesco nur noch hilflos Buch führen kann

Alles, was die Götter treiben, ist den Menschen heilig: Erotische Darstellungen, die Shiva im Liebesspiel zeigen, sind ein beliebtes Motiv der Tempeldekorationen, sehr eindrucksvoll am Jaisi Deval von Kathmandu und am Olakhu Ganesh in Patan. Ebenso freizügig sind die plastischen Darstellungen einheimischer Bräuche: Heiratet eine Frau, kommen in ärmeren Gegenden häufig die Brüder des Mannes mit in die Ehe – mit allen Rechten und Pflichten.

Vor allem die deutsche Entwicklungshilfe bemüht sich, die Kunst der Newar vor dem Verfall zu retten. Morsche Balken und brüchige Ziegel werden ersetzt. Häuser werden zum Teil demontiert und wieder aufgebaut

Auch goldene Zeitalter sind vergänglich. Die große Zeit der Newarkunst fand im 18. Jahrhundert ein jähes Ende, als Soldaten aus dem Stamm der Gurkha das Tal von Kathmandu eroberten. Doch aus den wahrhaft königlichen Städten der Vorfahren wurden keine musealen Kulissen. Wie seit Jahrhunderten leben die Nepalesen heute in den Königsstädten, verehren vor den über dreihundert goldfarbenen Pagoden ihre Götter, lassen sich betören von der uralten Harmonie der Farben. Geschichte ist Alltag geworden. □

Goldene Portale wie in Bhaktapur am Heiligtum für Taleju, der Schutzgöttin des Tales, reichverzierte Fensterrahmen und vergoldete Tempel wie das alte Heiligtum in Changu Narayan, nördlich von Bhaktapur, gibt es im Tal von Kathmandu zuhauf

Ernst Haas

Von weither kommen
die Pilger zu den Tempeln
von Pashupatinath.
Die ganze Nacht sitzen
sie meditierend um
die Feuer, um den Gott
Shiva zu feiern

Es gibt Plätze, die
verbergen ihr Geheim-
nis. Wenn man sie
überquert hat, ist
etwas geschehen. Aber
da man nicht weiß,
was es war, dreht man
sich nur kurz und
irritiert um und zieht
mit merklich schnelle-
rem Schritt davon.
Das Geviert um den
Vatsala-Tempel
in Pashupatinath
ist so ein Platz

SHIVAS HEILIGE NACHT

Axel Michaels war beim größten Fest aller Hindus im Königreich Nepal

Der Platz liegt in einer Senke am Bagmati-Fluß, der die Stadt von Norden nach Süden durchquert. Gegenüber erhebt sich ein Wald, der »Gazellenhain«, in dem Affen einander jagen. Hin und wieder springen sie von den Bäumen auf rostbraune Wellblechdächer, die die zahlreichen über Pashupatinath verteilten Heiligtümer bedecken. Meist sind es Lingas, phallische Zeichen und Symbole für Gott Shiva, die Könige und Minister errichten ließen; manchmal pagodenförmige Tempel, in denen lokale Mutter-Gottheiten verehrt werden.

Im Pashupatinath-Tempel, der für Nicht-Hindus verboten ist, wird der Gott Shiva in seiner Erscheinung als Pashupati, das heißt »Herr der Tiere«, verehrt. Jedes Jahr im Februar/März wallfahren Tausende nepalesischer und indischer Pilger zum Shivaratri-Fest nach Pashupatinath, um Pashupati, die Schutzgottheit des hinduistischen Nepal, in der »Nacht Shivas« zu verehren.

Der Platz um den Vatsala-Tempel ist voller Menschen. Ihre Stimmen mischen sich zu einer gelassenen Betriebsamkeit. Es ist dunkel. Nur das Licht von grellen, zischenden Kerosinlampen wirft lange Schatten. Von der Spitze des Tempels läuft ein Faden zum vergoldeten Dach des Pashupatinath-Heiligtums: die örtliche Göttin Vatsala wird vom großen Hindu-Gott an die Leine genommen. Ein typisches Bild für die Kraft des Hinduismus, der überall, wo er sich entwickelte, die alten, lokalen Götter in seinen Himmel aufnahm, verwandelte und dabei auch selber verwandelt wurde.

Westlich des Vatsala-Tempels zieht sich ein langer Laubengang der Porekaste hin. Die unberührbaren Pore, der Tradition nach Straßenkehrer, trocknen in diesem zum Platz hin offenen Haus Leichentücher und Kleider der Toten. Wenn ein Mensch gestorben ist und verbrannt wird, holen sie sich nach verbrieftem Recht die Totentücher aus dem Bagmati-Fluß. Kein anderer würde es wagen, diese Kleider zu berühren. Er würde sich beflecken und gegen die strikten hinduistischen Reinheitsvorschriften verstoßen.

In der Mitte der Laubenhalle steht ein Asket. Er ist einer von vielen, die aus Indien zu diesem Fest im Himalaya pilgerten und sich überall in Pashupatinath um ihre schwelenden Feuer versammelt haben. Er hat ein Gelübde getan, sich zwölf Jahre weder zu setzen noch hinzulegen. Zehn Jahre hat er schon hinter sich, in denen er nur stehend geschlafen hat. Die Beine sind steinhart, fest wie seine selbstgewählte Kasteiung. Von der Decke der Laube hängt an vier Stricken ein Brett, auf dem er mit seinem Oberkörper liegt, den Kopf in die Arme vergraben. Er kämpft mit aller Macht gegen den Schlaf, er will diese Nacht Shivas wachend zubringen. Warum?

Stockend erzählt der Asket dem Fremden, was seit Jahrhunderten in den heiligen Sanskrittexten überliefert ist:

»Einst ging ein Jäger auf die Jagd in einen Wald. Er fand aber nichts, das er hätte erlegen können. Als die Nacht hereinbrach, kletterte er mit etwas Wasser auf einen Bilvabaum. Die ganze Nacht verharrte er dort, schlief nicht und hatte nichts zu essen. Immer wenn er sich rührte, fielen ein paar Bilvablätter auf den Boden. Auch schwappte stets etwas Wasser aus seinem Eimer. Unter dem Baum, im Laub, lag versteckt ein Lingam, ein Symbol des Gottes Shiva. Und so verehrte der Jäger, ohne daß er es wußte, den Gott Shiva mit dem, was er liebt: Fasten, Wachen, Bilvablätter und Wasser.

Das alles geschah an einem Tag wie heute. Deshalb bin ich hier. Es ist sehr verdienstvoll, heute Shiva zu verehren.«

Der Jäger, von dem der Asket erzählt, ist wie die unberührbaren Pore ein Kastenloser, die nach der Tradition zum eigentlichen hinduistischen Ritual nicht zugelassen sind. Nur am Shivaratri-Fest verwischen sich die sonst so rigiden Kastengrenzen. Aber ganz sind sie auch auf dem Vatsala-Platz in Pashupatinath und selbst in Shivas heiliger Nacht nicht aufgehoben.

Im Norden schließt gleich an den Bau der kastenlosen Pore ein Sterbehaus an. Auf den Stufen des Hauses liegt ein Todgeweihter. Verwandte haben ihn von weit her gebracht. Nun umsorgen sie ihn, fächern ihm Luft zu, flößen ihm Wasser ein, trocknen die schweißnasse Stirn, betten ihn auf weichem Stroh, massieren die steifen Glieder, vertreiben die Straßenhunde und rufen dem Sterbenden immer wieder »Ram, Ram, Ram« zu, damit er in seiner letzten Minute den Namen dieses Gottes hört.

Manchmal geht einer der Verwandten durch die Masse der Pilger über den Platz zu einer kleinen Statue des Todesgottes Yamaraja, bittet um Beistand für den Kranken. Keiner weint. Ihr Trost ist, daß der Mann in dieser besonders heiligen Nacht sterben wird. Wenn sein Leichnam dann unten am Fluß verbrannt wird, müssen dafür 35 Rupies an den Tempel des Pashupatinath bezahlt werden. Im Süden des Platzes, nur wenige Schritte weiter, ist es umsonst. Die Kastenlosen aber müssen noch weiter flußabwärts, außerhalb der Stadt, verbrannt werden.

Die friedliche, selbst vom Tod ungetrübte Einheit des Shivaratri-Festes trügt. Der Hinduismus ist eine Vielzahl von gesellschaftlichen und religiösen Richtungen, die sich in ihren Kulten, Göttern, Religionsstiftern und heiligen Schriften teilweise erheblich unterscheiden. Es gibt keine gemeinsame, von allen diesen Religionen anerkannte Kirchenorganisation, kein gemeinsames Dogma und keine gemeinsame Moral. Aber in dieser Vielfalt dominiert oft die Tradition, die von den gelehrten Brahmanen-Priestern bewahrt wird. Auch in Pashupatinath.

Seit dem 15. Jahrhundert haben südindische Bhatta-Priester die rituellen Rechte über den Tempel des Pashupatinath, das Hauptheiligtum der Stadt. Trotz Anpassung an die ethnische und religiöse Vielfalt Nepals halten sie sich bei ihren rituellen Pflichten vor allem an die Traditionen des gelehrten Hinduismus, und nicht selten geraten sie dabei in Konflikt mit lokalen Kulten.

Davon weiß auch einer zu berichten, der schon seit geraumer Zeit beim Vatsala-Tempel steht. Es ist ein ortsansässiger Verkäufer von Leichenholz. Sein Haar ist struppig, das Gesicht schmal und flach. Aufgeregt erzählt er vom Fest der Göttin Vatsala, das knapp ein halbes Jahr nach Shivaratri gefeiert wird:

»Hier, auf diesem Stein, sitzen einmal im Jahr Shiva und seine Frau, die Vatsala-Göttin. Da wird ihnen geopfert. Und da geht es wild zu, sehr wild, unglaublich wild, das sage ich euch!« Er zeigt eindringlich auf einen unscheinbaren Pflasterstein, der sich von den anderen nicht unterscheidet, und für einen kurzen Augenblick wird der Stein zum Mittelpunkt des Platzes.

Mit einem stummen Wink drängt der Mann, hinter den Vatsala-Tempel zu kommen und lehnt sich dort rückwärts an die Mauer zum Bagmati-Fluß.

»Seht ihr dort unten den Wasserspeier?«, fragt er flüsternd ohne hinzusehen. »Dort fließt am ersten Tag des Vatsala-Festes Weihwasser aus dem Tempel. Erst ist es nur Milch, Wasser, Butterschmalz, Joghurt und Kuhurin, dann aber ist es Reisbier und Schnaps. Viel Schnaps! Da baden dann die Frauen drin!«

Er legt den Kopf in den Nacken, schaut in den schwarzen Himmel, wo schwach angeleuchtete Rauchschwaden vorbeiziehen, und erzählt:

»Früher kamen zum Fest vier Schakale und jaulten an allen Ecken des Tempels. Im Hain gab es viele von ihnen. Sie bekamen die Glieder der Menschenopfer zu fressen. Seht ihr die Bilder dort oben auf dem Tempel? Die zeigen diese Menschenopfer. Jetzt opfert man Ziegen, schwarze Ziegenböcke.«

Er hält kurz inne, dann fährt er fort: »Am nächsten Tag, wißt ihr, was passiert? Da wird Vatsala von 40, 50 Männern zu ihrem Mann, zum Tempel des Pashupatinath, auf der Bahre getragen. Die Männer schlagen mit den Streben der Bahre an die Tür zum Pashupati-Tempel. Aber die Priester schließen das Tor. Sie sagen, Shiva wolle Vatsala so nicht empfangen, weil sie betrunken ist, blutverschmiert von den Opfern und weil sie es zugelassen hat, daß verschiedene Kasten zusammen gegessen haben.

Vatsala weiß nicht, wo sie hin soll. Sie ist ganz traurig und verzweifelt, aber wütend ist sie auch, weil Shiva sie abgewiesen hat. Doch auch der ist inzwischen traurig und voller Liebeskummer. Reumütig schickt er seine Priester am dritten Tag des Festes aus, Vatsala zurückzuholen.

Und dann geht es los. Vatsala wird wieder zu Shiva getragen. Den ganzen Tag dauert das. Jedes Haus in Pashupatinath verehrt sie mit Blumen, roten Tüchern und Süßigkeiten. Zinnober fliegt von oben aus den Fenstern auf sie herab. Alle sind ausgelassen. Wenn sie abends am Tempel des Pashupati ankommen, wird wieder das Portal gerammt. Aber diesmal aus Freude. Am Schluß versöhnen sich Shiva und Vatsala. Shiva läßt ihr durch einen Priester einen Sari schenken.«

Gegenüber, in der Laube der Pore, hatte der Asket ungerührt zugehört. Viel hat er nicht verstanden, denn der heilige Mann und der Leichenholzverkäufer sprechen verschiedene Sprachen. Er Hindi, eine indo-germanische Sprache, jener Newari, eine Sprache tibeto-birmanischen Ursprungs. Obwohl sie als Hindus beide gemeinsam die Nacht Shivas zelebrieren, vertreten sie doch zwei Welten, die auf diesem Platz zusammentreffen. Der Asket verabscheut die ausschweifenden, orgiastischen Versuchungen, wie sie sich im Vatsala-Kult erhalten haben. Blutopfer, Alkohol und Kastenvermischungen lehnt er ab.

Asketen entsagen dem ritualisierten Leben der Hindus und sind doch ein Teil davon. Auch sie gelten als kastenlos, denn sie haben ihre Familie, das Hausfeuer, ihr Dorf verlassen. Asketen leben keusch und brauchen keine Söhne, die für sie die Totenrituale ausführen, damit sie wie die »normalen« Hindus in den Himmel kommen und wiedergeboren werden. Weil sie für die Gemeinschaft »gestorben« sind, werden sie nicht verbrannt, sondern begraben. Aber sie brauchen Schüler, die sie wie ihre Söhne behandeln, damit die Tradition nicht ausstirbt.

Asketen wollen wie Shiva sein, der als der Große Yogi verehrt wird. Unendlich viele Mythen erzählen davon, wie der Gott Shiva allen sexuellen Verführungen durch seine Gattin Parvati und zahlreichen Nymphen mit großem Gleichmut widerstanden hat.

Aber der gleiche Shiva vergnügte sich als Gazelle mit Parvati in einem tausendjährigen Liebesspiel im »Gazellenhain« von Pashupatinath am Bagmati-Fluß.

Askese (tapas) und Sexualität (kama), entspringen nach hinduistischer Vorstellung einer gemeinsamen Quelle, der Hitze. Es ist somit nur ein äußerlicher Gegensatz, wenn Shiva Sexualität und Keuschheit in sich vereint. Doch, was der Gott in sich vereinen kann, bleibt für die irdischen Asketen ein Widerspruch, der ihre umstrittene gesellschaftliche Stellung zwischen Bewunderung und Verachtung erklärt.

Unter dem Schlafbrett des Asketen döst sein Schüler vor sich hin. »He!«, ruft ihn der Guru an und tritt ihn mürrisch. Erschreckt springt der Schüler auf. Wütend schreit der Asket: »Was, du schläfst, während dein Lehrer wacht? Du willst mein Schüler sein? Massier mir die Beine. Zieh mir die Socken an. Wenn du träumen willst, kannst ja gehen, kannst ja gleich einer sein wie die da!« Und herablassend zeigt er auf den Strom der Pilger, die den Platz vor dem Tempel überqueren, als sei er ein ganz gewöhnlicher Platz.   □

Teils bewundert, teils verachtet: Asketen sind einsame Heilige

Himalaya ist nicht
nur Schnee und
Eis. Am Fuße der
Berge gedeihen
tropische Wälder.
Eine Wanderung zur
Monsunzeit kann
zur Strafexpedition
werden. Da nützen
auch die Korb-
sessel nichts, die die
Träger durch den
Dschungel schleppen

Die Geschichte von einem,
der auszog
und im Himalaya das Fürchten lernte **Manchmal
sahen wir sogar
die Berge**

Arnulf Baring über Trekking in Nepal

atürlich hatte ich mir alles ganz anders vorgestellt. Den Himalaya hielt ich für eine Art höherer Alpen; Nepal dachte ich mir etwa so wie Schweiz – nur ursprünglicher, wilder, weniger touristisch und eben asiatisch. Vor dem inneren Auge sah ich jahrtausendealte Saumpfade, auf denen seit Urzeiten unzählige Füße, aber auch helfende Hände die ursprünglichen Unebenheiten der Wege ausgeglichen, Felsbrocken aus dem Wege geräumt oder zerkleinert hatten.

Meine Phantasie ist vor Reisen immer optimistisch. So malte ich mir ein höchst angenehmes, entspanntes Wandern aus. Alles, meinte ich, würde im Grunde wie in europäischen Hochgebirgen sein, nur viel einsamer. Und zugleich bequemer. Denn wo hatten wir hier in Europa je irgend jemanden gehabt, der die Rucksäcke trug? Dort würden wir Träger anheuern, für jeden von uns beiden sogar mehrere, um unbeschwert, fast spielerisch leicht, jedenfalls ohne alles Gepäck, durch den Himalaya zu traben, mit den höchsten Gipfeln der Erde auf du und du.

Wir erkundigten uns monatelang, hörten uns um. Lilo schrieb aus Brüssel, schickte Fotos, die uns den Atem verschlugen. Sie berichtete von phantastischen Erlebnissen, die sie James Roberts verdanke, einem Reiseleiter für Trekking-Touren und früheren britischen Oberst. Sie hatte mit seinen Leuten an tantrischen Zeremonien teilgenommen, hatte Tee aus Totenschädel getrunken, irgendwo ganz oben. Nur zögernd und nur unseretwegen war sie bereit, seine Adresse, diesen Geheimtip, überhaupt herauszurücken. Die herrlichsten Dinge dieser Welt möchte man ja immer ganz für sich allein behalten.

Sofort meldeten wir uns mit roten Ohren erwartungsvoll beim Reisebüro Roberts in Kathmandu

an. Selbstverständlich wollten wir überall hin, zum Everest, zu Dhaulagiri und Annapurna gleichermaßen. Lilo, die schon mehrfach in Nepal getrekkt hatte, geradezu süchtig danach war, hatte uns beide Touren in leuchtendsten Farben ausgemalt. Von starkem Reiz sei der Aufstieg zum Everest – zum Fuße des Everest. Auf 4000 Metern würden wir den Lhotse, den Ama Dablam, diesen Eisriesen und Götterberg über dem Tengboche-Kloster, den Everest sowieso, in einem gewaltigen Panorama vor uns haben. Wenn wir wollten und es mit

Winzige Landeplätze wie Lukla in Nepal machen es möglich, Entfernungen zu überwinden, für die man sonst Wochen brauchen würde. An den Flugplätzen beginnen die klassischen Trekkingrouten, gesäumt von den Ausrüstungsläden der Einheimischen und den Müllhalden der Fremden. Ohne die zähen Träger ist selbst ein geübter Alpenwanderer hier überfordert

unseren asketischen Neigungen vereinbaren könnten, würden wir diese Aussicht durch die Glasfronten eines absolut phantastischen Hotels genießen, des höchstgelegenen der Erde, von Japanern gebaut.

Wenn wir hingegen lieber westwärts zögen, würden wir auf einer angenehmen Hochfläche zwischen den beiden Achttausendern wandern und zelten können und beiderseits die Gletschermauern aufragen sehen. Wenn wir dazu noch die Zeit der Rhododendronblüte erlebten, die jene Gebiete im Frühsommer hellrot aufflammen lasse, dann würden wir ihr am Ende der Tour zugeben müssen, niemals vergleichbar Überwältigendes gesehen zu haben.

Es kam alles anders.

Wir entschieden uns für die westliche Route. Denn mühsam hatte uns das Büro Roberts die Ausmaße des Landes klargemacht. Von Kathmandu ostwärts bis zum Basislager des Everest würde allein der Hinweg schon mehr als drei Wochen dauern, meist durch Hügelland, ohne jede Aussicht. Ein wenig begann uns schon damals zu dämmern, was wir uns vorgenommen hatten. Wir mochten es uns nur noch nicht eingestehen.

Dauer der Tour, Preis und Teilnehmer wurden schon von Berlin aus schriftlich abgemacht: Sechs Träger, als Führer ein Head Sherpa und sein Vertreter, endlich, am wichtigsten, ein erfahrener Koch. Elf Mann würden wir insgesamt sein. Unsere Leute würden nicht nur Zelte bei sich führen – für Jürgen und mich je ein eigenes, geräumiges Zelt! –, sondern sogar Tische und Korbsessel mit in die Höhen nehmen. Wir wehrten ab: solcher Luxus sei uns peinlich. Vergeblich. Sie beharrten: das werde immer so gemacht. Nun, sie mußten es

ja wissen. Wir begannen den Gedanken zu genießen, bei allen Mahlzeiten vom Sessel aus die höchsten Gipfel der Welt bestaunen zu dürfen.

Die erste Überraschung: daß man dort nicht einfach loslaufen konnte, wohin man wollte. Ganz genau war anzugeben, wohin es gehen solle.

Die zweite Überraschung waren die Wolkenungetüme, durch die das Flugzeug beim Anflug hindurch mußte. Uns schwante Übles: wir waren offensichtlich zu früh im Jahr dran. Nachdem die Maschine an Höhe verloren hatte, tauchten wir in gebauschte Federbetten, in malerisch getürmte weiße Ballen ein. So unerfahren waren wir nicht, daß wir nicht sofort gewußt hätten, was dieser Anblick bedeutete: Diese weiße Pracht würde sich entladen, herabbrausen, jeden Tag neu sich ausregnen. Offensichtlich war die Zeit des Monsuns noch nicht vorüber. Die Reisterrassen lagen in vollem Grün. Eben.

Als wir landeten, stand unsere Mannschaft aufgereiht am Zaun, der den Landeplatz, eine Wiese, von anderen Wiesen abgrenzte: braune Bauernbuben, barfuß. Selbst der Sherpa war nur 18 Jahre alt, was uns überraschte: waren wir in einen Kinderkreuzzug geraten? Der Koch war beruhigenderweise der Älteste in der Runde, 41. Das ließ auf einschlägige Erfahrungen schließen. Er trug einen aus Draht geflochtenen Korb voller Eier (weiter oben kann man so gut wie nichts kaufen, weil die Einwohner das wenige, das sie haben, selbst brauchen), den er auf der ganzen Tour nie aus den Augen ließ und, das muß gleich erwähnt werden, mit gleicher Ladung am Ende der Wanderwochen wohlbehalten wieder bei seinem Chef abgeliefert hat. Denn uns war all die Zeit nie nach Eiern zumute. Und die Mannschaft wiederum war für solche Genüsse offenbar nicht fein genug.

Überhaupt haben wir wenig von unseren Vorräten gegessen. Die echten englischen Frühstücke mit Porridge und Trockenmilch, Ham and eggs – kein Bock. Außer immer wieder neuen, anderen Suppen unseres Kochs aßen wir fast nichts, trotz der Strapazen. Oder gerade wegen? Es war banaler: die ganze Tour, vom zweiten Tag bis zum letzten, rumorte in unseren Mägen und Gedärmen. Nichts Ernstes, obwohl mich mehrfach die Sorge beschlich, nun könnten wir vielleicht wirklich nicht mehr weiter. Und was dann, viele Tagereisen von allen Städten, Hospitälern, Transportmöglichkeiten entfernt? Man mußte sich berappeln, mußte auf den eigenen Füßen wieder hinunter, was auch kam. Nach einigen Tagen war es zunehmend die Schwäche, die uns zu schaffen machte, sonst nichts.

Sonst nichts? Wir liefen viel – sechs, acht Stunden am Tag. Aber nicht etwa zuerst bergauf und am Ende der Tour wieder hinunter. Nein, unaufhörlich hinauf und hinab. Wir brachen sehr früh auf, um der größten Hitze auszuweichen; denn schon vormittags wurde es rasch drückend schwül. Unglaublich, wie wir schwitzten; wir dampften wie die Erde rundum, die noch schwer und feucht vom Regen des Vortages war. Schon nach zwei Tagen

Während der ganzen Tour rumorte es in unseren Mägen und Gedärmen

konnten wir unseren eigenen Geruch kaum noch aushalten, so verschwitzt waren alle unsere Sachen. Wenn man die eigene Ausdünstung wahrnahm, bekam man Brechreize.

Mühsam jeder Schritt, ob es nun auf- oder abwärts ging. Niemand hatte hier je Treppen geschlagen, Wege angelegt; mit Sehnsucht und Rührung dachten wir an die europäischen Alpenklubs und Kurvereine. Die Steine waren zwar ausgetreten, aber ungleichmäßig geformt wie am Tage der Schöpfung. Das Laufen strengte an: ein großer Tritt, dann zwei flache, oder umgekehrt – oft Sprünge. Immer wieder, weiter oben, überhaupt kein Weg. Dann halfen Bachbetten beim Fortkommen, mehr schlecht als recht. Wir balancierten vorsichtig von Stein zu Stein, rutschten natürlich, fielen auch, umsprudelt vom eiskalten Wasser.

Wassermassen – von unten, von oben. Wir wollten in den ersten Stunden jeweils viel schaffen, dem Ziel so nahe wie möglich kommen. Denn wir wußten genau, man konnte die Uhr danach stellen: mittags würde es, wie schon erwähnt, wieder zu regnen beginnen. Regelmäßig, ohne Pardon, Tag für Tag. Keine Hoffnung, heute werde wunderbarerweise der Regen einmal ausfallen. Und was heißt hier Regen: Schon nach einer Viertelstunde war man von den gleichmäßig herabströmenden Wasserfluten bis auf die Haut durchnäßt, lief rascher, um ja nicht kalt zu werden.

Das Wasser war überall. Es lief den Rücken hinunter durch die Rille, dann die Hosenbeine hinab. Blutegel standen zu Hunderten, zu Tausenden aufrecht im Wald, sprangen uns an, während wir vorüberliefen, bohrten sich durch die Jeans, die dicken Strümpfe. Wenn man abends die Bergstiefel auszog, hatte man blutende Socken an den Füßen. Man zog nicht nur Schuhe und Strümpfe aus, man

zog alles aus, stand da, mitten im Dorf, splitternackt – umringt von Dutzenden, oft einem glatten Hundert Neugieriger. Warum?

Die Zelte waren schon am zweiten Tage von innen wie außen naß. Zusammengelegt, wie sie getragen werden mußten, trockneten sie nie mehr. Aber selbst trockene Zelte hätte man in den abendlichen Sintfluten nirgendwo aufbauen können. Also zogen der Koch und ich – obwohl wir die beiden Ältesten waren, liefen wir am schnellsten – in den

Die Erinnerung verklärt vieles: Wer von den Trekkern mag schon zugeben, wie oft er aufgeben wollte – wenn die Aufstiege zu lang, die Kämpfe mit Blutegeln und Flöhen erfolglos, die Wege überflutet waren

Zieldörfern des Tagesmarsches wie einst Maria und Joseph in Bethlehem von Haus zu Haus, um ein Nachtlager zu erbetteln. Mal landeten wir im Stall – es war feucht und kalt: zu wenig Tiere. Meist wurden wir zur Familie in den einzigen Raum gebeten, und auch dort war es wie zu Christi Zeiten: Kuh, Ziegen und Hühner schliefen einträchtig auf dem Boden neben den Kindern, Eltern und (falls noch vorhanden) Großeltern. Wir wurden dazwischengepackt, an die wärmsten Stellen. Etwa beim Feuer. Einige Male erlebten wir die besondere Ehre, in den Betten des Elternpaares untergebracht zu werden. Unter uns, in Kästen, die Hühner. Die Gerüche dieser Räume waren immer unbeschreiblich reichhaltig, auch die lokale Kleinfauna.

In irgendeiner dieser Nächte holte ich mir meine Flöhe. Ich fühlte sie natürlich sofort, konnte sie aber nicht finden, noch weniger fangen, Jürgen auch nicht – ungeübt, wie wir Heutigen in solchen Künsten sind. Überall am Körper spürte ich bald ihre Bisse. Am schlimmsten schmerzten sie im Genick und an den *most private parts,* wie man so unnachahmlich dezent im Englischen sagen würde.

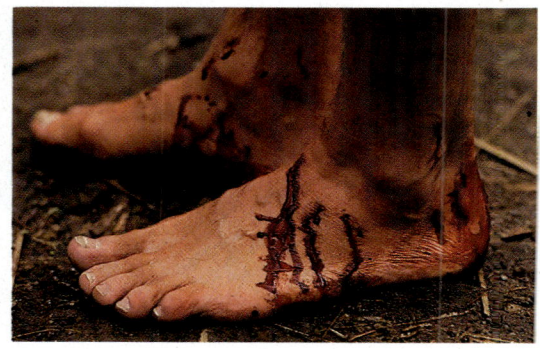

Am späten Nachmittag kam man im Dorf an, sah es aus grauen Regenschleiern auftauchen; denn es goß noch immer. Die Träger waren weit hinter uns – an trockene Hemden, Hosen, Pullover nicht zu denken. Die gastlichen Nepalesen boten Wolldecken an, kochten auch Tee. An den ersten Tagen zögerte ich noch: war das Wasser hygienisch? Der Topf? Der Tee? Und wie stand es mit weiterem Ungeziefer in der Decke? Mit den Flöhen konnte es eigentlich nicht schlimmer werden. Doch man mochte sich nicht vor all den Leuten ausziehen, die da gaffend standen, mehr und mehr herbeiströmten. Andererseits: ich fror sehr. Also raus aus den Sachen und in die Decke gehüllt, neben das Feuer gehockt. Lachend kamen Frauen nahe heran und zupften an den Brusthaaren. Tatsächlich echt, nicht angeklebt. Was es alles gab in der Welt da draußen. Denn ihre eigenen Männer waren bartlos, am Körper haarlos.

Irgendwann hörte der Regen abrupt auf. Nachts verzogen sich die Wolken. Wenn dann der Mond schien, konnte man minutenlang die Berge sehen, die großen, weißen, derentwegen wir hierhergekommen waren und die sich sonst immer unsichtbar machten, hinter Höhenzügen versteckten, in Dunst und Wolken hüllten. Ja, alle paar Nächte haben wir für einige glückliche Momente tatsächlich die Schneegipfel, Gletscherbrüche und Felsformationen erblickt, zu denen wir sehnsüchtig unterwegs waren.

Um Mitternacht weckten wir uns, sprangen ins Freie, wenn wir glaubten, es werde etwas draußen zu sehen geben. Ab und an gab es auch tagsüber, etwa auf einem Paß, freie Blicke in die Höhe, in die Ferne. Andächtig, von der eigenen Anstrengung überwältigt, standen wir versunken auf solchen Höhepunkten – wie früher Pilger beim Anblick Roms.

Bei allem Bemühen um Wahrheit beschönige ich noch. Ich habe die Massen anderer Trekker weggelassen, die uns in den ersten Tagen begleiteten, bei der Rückkehr aus dem Gebirge entgegenströmten, ganze Touristenkolonnen aus Bayern, aus den USA, mit jeweils mehr als hundert Trägern, mindestens. Da blieb nichts mehr von Einsamkeit übrig. Statt dessen gab es großen Lärm und viel Abfall.

Ich habe auch das Elend der Träger weggelassen: ihre armselige, unzulängliche Kleidung. Keiner von ihnen hatte Schuhe, und das in diesem Gelände. Ich denke noch heute oft an die aufgerissenen nackten Füße, die vielen Blutegelbisse, an das nächtliche Husten der beiden Tbc-kranken Jungen.

Und dann das Elend in den Dörfern. Die zahllosen Kinder, der durchdringende Uringestank, die Gerüche. Wir konnten uns nie vorstellen, wie hier jemanden die Lust ankommen könne, eine Frau, einen Mann zu lieben, sehnsüchtig zu umarmen. Aber so ähnlich wird es im Mittelalter auch bei uns gerochen haben, ohne daß wir ausgestorben wären.

Am Ende wieder in Kathmandu. Unvergeßlich die Ankunft im Hotel. Wir sind von der Sonne so verbrannt, so ausgemergelt, so verstunken, verdreckt, verklebt, daß die feinen, eleganten Gäste bei unserem Anblick zurückweichen, sich anstoßen, verstohlen auf uns zeigen. Als erstes in die Badewanne. Raus aus den Klamotten! Während das heiße Wasser einläuft, die meisten Sachen gleich wegwerfen, die Verfärbungen, Flecke, Gerüche gehen doch nie mehr raus. Untertauchen, so lange der Atem reicht. Zufrieden zähle ich hinterher die ertrunkenen Flöhe. Die Zivilisation hat uns wieder. Gott sei Dank! □

Wir kamen so ausgemergelt und verdreckt zurück, daß die feinen Gäste vor uns zurückwichen

Ernst Haas

Die großen Ereig-
nisse im Leben der
Ladakhis sind die
religiösen Feste. Zu
Hunderten hocken
sie auf den steinigen
Berghängen bei
Leh und sehen den
Priestern bei ihren
religiösen Tänzen zu

Eine Reise nach
Ladakh, dem schwer
zugänglichen Land
hinter dem Himalaya-
Höhenkamm, ist
nur etwas für Leute,
denen keine Strapaze
zuviel wird. Wer
es dennoch wagt, den
erwartet ein Volk,
dem jeder Gast will-
kommen ist und
eine Kultur, deren
Mythen und Gebräu-
che im alten Tibet
ihren Ursprung haben

Hans Walter Berg

ZUM TEE BEI DEN MÖNCHEN

Lamayuru ist das erste Kloster auf dem mühevollen Weg von Kaschmir nach Ladakh. Hier kann sich der Besucher bei einer Tasse Buttertee erholen. Die Mönche sind längst auf die Fremden eingestellt und versuchen die meist leere Kasse mit dem Verkauf von Thankas, Rollbildern, aufzubessern, wie sie in vielen Klöstern, zum Beispiel Rangdum (oben), hergestellt werden

Als 1948 zum ersten Mal ein Flugzeug in Leh landete, sollen die Bergbewohner Ladakhs mit Heubündeln auf dem Rücken herbeigeeilt sein, um den großen Vogel zu füttern. Fünfzehn Jahre später gehörten landende und startende Flugzeuge zum Alltag der Ladakhis. Denn seit 1962 die Chinesen mit dem Aksai-Chin-Plateau einen Teil dieser strategisch wichtigen Nordprovinz Kaschmirs erobert hatten, wurde Leh zum Nachschubzentrum für die an der Himalaya-Grenze in Ladakh eingesetzten indischen Streitkräfte. Zur gleichen Zeit bauten indische Pioniere die erste und bisher einzige Straßenverbindung vom Kaschmirtal in das 430 Kilometer entfernte Leh. Doch bis Ende der siebziger Jahre waren alle Transporteinrichtungen für militärische Versorgungszwecke reserviert und für ausländische Besucher gesperrt.

Erst während des letzten Jahrzehnts wurde Ladakh aus seiner totalen Isolierung befreit. Seit 1979 unterhalten die Indian Airlines einen regelmäßigen zivilen Flugdienst nach Leh. Er dient vorwiegend dem devisenträchtigen Touristenverkehr, für den in zunehmendem Maße auch kaschmirische Reisegesellschaften Überlandfahrten von Srinagar nach Leh organisieren. Jetzt wird Leh jährlich von rund zehntausend indischen und ausländischen Touristen besucht. Das sind etwa so viele Fremde, wie die Einwohnerschaft von Leh zählt, insgesamt ein Zehntel der Bevölkerung dieses Hochgebirgslandes, das mit seinen einhunderttausend Menschen auf einer flächenmäßigen Ausdehnung wie Bayern zu den am dünnsten besiedelten Gebieten der Erde gehört.

Mein letzter Ladakh-Besuch begann im Sonamarg-Tal in dreitausend Meter Höhe und führte am ersten Tag in schwindelerregenden Serpentinen durch eine Bergwelt von großartiger Schönheit und Majestät bis hinauf zum Zoji-La-Paß. Mit dem Bau und der Instandhaltung dieser einzigen Autostraße hat in Ladakh das technische Zeitalter begonnen, wenngleich die meisten Arbeiten immer

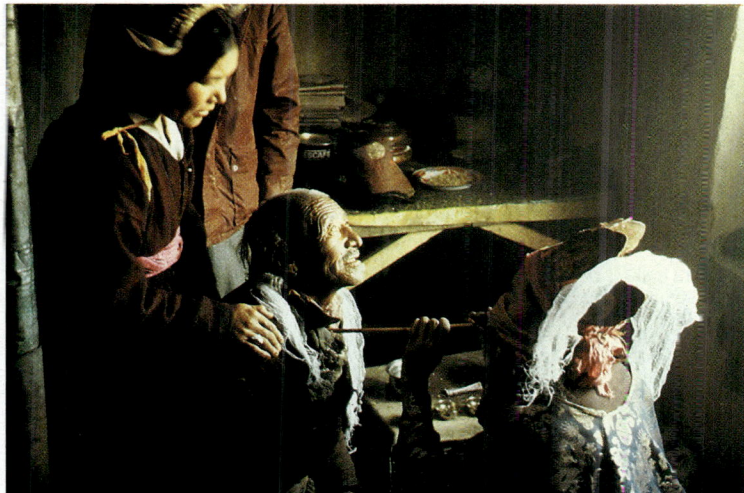

In Ladakh ist das Mittelalter noch lebendig. In den kärglichen Küchen werden die bescheidenen Mahlzeiten hergerichtet. Das längliche Faß zur Herstellung des Buttertees gehört zum unverzichtbaren Inventar selbst der Ärmsten.
Wo es keine Antibiotika gibt, steht die Wunderheilerin hoch im Kurs, die das Böse aus dem Körper saugt

noch im Stil des Pyramidenbaus ausgeführt werden.

Nachdem wir am zweiten Reisetag in über viertausend Meter Höhe den Fotu-La-Paß überwunden hatten, erreichten wir Lamayuru, eines der dreihundert buddhistischen Klöster Ladakhs, die die Oasen ähnelnden Siedlungen wie mittelalterliche Trutzburgen überragen. »Das Wunder von Lamayuru« nennen die Ladakhis die Landschaft, die in bizarren Formationen mit gewaltigen Felsen und Sandsteingebilden die Klosterfestung einrahmt. Die ganze Hochgebirgslandschaft auf dem Wege nach Leh, Kulisse für eine der ältesten religiösen Kulturen der Welt, scheint wie von Götterhand gemeißelt.

Wir folgten dem Laufe des Indus und kamen am dritten Tag schließlich in Leh an. Die Stadt schmiegt sich in ein dreieinhalbtausend Meter hoch gelegenes Tal zwischen Karakorum und Himalaya. Mit seinen weit auseinanderliegenden Lehmhäusern und Hütten wirkt Leh immer noch wie ein großes Dorf. Es wird überragt von der auf einem Hügel liegenden neunstöckigen Königsburg. Sie war bis Mitte des letzten Jahrhunderts Sitz der Namgyal-Dynastie, die Ladakh seit Ende des 15. Jahrhunderts regierte, und 1841 vom indisch-kaschmirischen Maharaja Gulab Singh zur Abdankung gewungen wurde. Ladakh wurde ein Teil des indischen Fürstenstaates Kaschmir und ist heute eine Provinz des indischen Bundesstaates Jammu und Kaschmir.

Der uns begleitende indische Beamte rühmte Ehrlichkeit, Fleiß und Bescheidenheit der Bergbevölkerung. Er sagte uns, daß es in Ladakh bisher kaum schwere Verbrechen gegeben habe. Zur gesellschaftlichen Harmonie trage sicher die Gleichberechtigung der Frauen bei. Als eine Art Geburtenkontrolle sei hier jahrhundertelang der Brauch der »Vielmännerei« praktiziert worden: Die Ladakhi-Frauen heirateten mit ihren Ehemännern zugleich auch deren Brüder, die nur von ihr Kinder bekamen. Der Einschränkung des Bevölke-

»Wir werden von den kaschmirischen Moslems tyrannisiert. Deshalb fordern wir die Trennung Ladakhs von Kaschmir«

rungswachstums diene auch, daß jede Familie mindestens einen ihrer Söhne ins Kloster schicke, wo er als Mönch im Zölibat leben müsse.

Auf unserer Reise erlebten wir die Ladakhis – ein Volk von Kleinbauern, Viehzüchtern und Hirten – stets als heitere, freundliche Menschen. Ihre Arbeit auf den Feldern und beim Straßenbau wurde von fröhlichem Gesang begleitet. Was sie auf ihren meist gartengroßen Äckern an Getreide und Gemüse anbauen, genügt zur Selbstversorgung. Der geringe Überschuß wird auf dem Basar in Leh verkauft, der ursprünglich ein wichtiges Handelszentrum am alten Karawanenweg zwischen Indien und China war. In den letzten Jahren ist er jedoch immer mehr zu einem von kaschmirischen Händlern beherrschten Souvenirmarkt heruntergekommen.

Ganz in der Nähe des Basars befindet sich der »Busbahnhof«, von dem ein Schild in englischer Sprache behauptete, es sei die »höchste Bus-Station der Welt«. Von hier aus kann man in klapprigen Fahrzeugen ein halbes Dutzend Ortschaften erreichen, die als besondere Touristen-Attraktionen gelten. Wir fuhren mit einer Gesellschaft japanischer Buddhisten zum Kloster Tikse, der »Gralsburg des Lamaismus«. Nachdem wir nachts in einem Zeltlager am Fuß des Klosterbergs kampiert hatten, besuchten wir bei Sonnenaufgang den Tempel, gerade, als dort im *dukhang*, der großen Gebetshalle, die Morgenandacht der Mönche begann.

Die braunrot gewandeten Lamas, vom achtjährigen Novizen bis zum achtzigjährigen Abt, saßen auf gelbseidenen Kissen und grüßten die aufgehende Sonne mit einem vielstimmigen Gesang. Sie schienen tief ergriffen von dem feierlichen Ritual, das von einer seltsam getragenen Musik von Trommeln, Hörnern und Gongs begleitet wurde. Kaum war der letzte Ton verklungen, standen die Mönche vor uns und forderten eine Spende. Unser Begleiter sagte bedauernd, dieses geschäftstüchtige Gehabe sei eine der negativen Folgen der Öffnung Ladakhs für zahlungskräftige ausländische Besucher. Aber er mußte zugeben, daß die Mönche in der Vergangenheit auch die eigene Bevölkerung durch Frondienst und als Geldverleiher mit Wucherzinsen ausgebeutet hätten.

Am nächsten Tag erlebten wir, wie zu Füßen der alten Königsburg in Leh auf kleinen temperamentvollen Mongolenpferden ein Polospiel ausgetragen wurde. Das vor über zweieinhalbtausend Jahren von zentralasiatischen Stämmen erfundene harte, kraftvolle Reiterspiel beschwor historische Reminiszenzen an eine längst vergangene Zeit, als hier Inder und Chinesen, Perser und Mongolen ihre Schlachten schlugen.

Prinzessin Parvati Devi ist die letzte Erbin der Namgyal-Dynastie. Früher bewohnte sie die stolze Königsburg in Leh, dann wurde sie in einen bescheidenen Palast im nahe gelegenen Dorf Stock

verbannt. Die charmante Fürstin, die ihre ehemaligen Untertanen seit einigen Jahren als gewählte Abgeordnete im indischen Bundesparlament vertritt und heute meist in einer kleinen Stadtwohnung in Leh lebt, hatte uns zu einem Besuch in den Stock-Palast eingeladen. Sie trug ihre traditionelle königliche Robe mit einer kostbaren Haube aus Türkisen und Perlen. Parvati Devi zeigte uns in ihrem Palasttempel alte tibetische Kunstwerke, die zum Familienbesitz gehören. Darunter schöne Buddha-Statuen mit edlen Gesichtern, schreckerregende Dämonenfiguren und antike Rollbilder, die heute in unendlichen Reproduktionen als *thankas* das populärste Touristen-Souvenir in allen Himalaya-Ländern sind.

Parvati Devi empfahl uns einen Besuch im Kloster Hemis, wo gerade die für den Lamaismus besonders typischen Maskentänze und Mysterienspiele stattfanden. Wir schlossen uns einer Gruppe von Pilgern an, die als Schutz gegen den in dieser Höhe eiskalten Wind schwere lange Wollgewänder und hohe buntbestickte Filzstiefel trugen und auf den Köpfen Flügelhauben aus Filz, Brokat und Samt oder gestärkter Schafwolle. Unser Maulesel-Treck dauerte einen Tag. Wir kamen gerade rechtzeitig in Hemis an, als das große Fest des Padmasamhava begann.

Um an den magischen Künsten teilzuhaben, hatten viele Ladakhis aus allen Teilen des Landes tagelang mühsame Pilgermärsche auf sich genommen. Das mächtige Kloster mit seinen holzgeschnitzten Dachfirsten und grünrot bemalten Erkern und Balkonen ähnelt dem früheren Potala-Palast des Dalai Lama im tibetischen Lhasa, den auch die Ladakhis als höchste geistliche Autorität verehren. In dem mit Gebetsfahnen geschmückten Innenhof des Klosters spielten und tanzten die Mönche in phantastischen Verkleidungen drei Tage lang ihre Version des großen Welttheaters, das die Ängste, Wünsche und Hoffnungen der Menschen widerspiegelt und die Ladakhi-Pilger in andachtsvolle Verzückung versetzte.

Ein Dämonenkönig mit dem dritten Auge auf der Stirn führte eine Horde von Hexen und Teufeln an, furchterregende Fabelwesen mit großartig modellierten Masken von Tigern, Löwen, Affen, Hirschen und Yaks. Sie stampften im langsamen Rhythmus einer sakralen Musik, die von Mönchen mit tiefen, orgelähnlichen Baßstimmen gesungen und auf neun Instrumenten nach den Weisungen des »Tibetischen Totenbuchs« intoniert wurde. Das Buch fordert vom Muschelhorn »einen rauschenden Laut, wie wenn ein Wind durch den Wald geht«. Von den Radongs, meterlangen Hörnern aus Edelholz, Messing und Kupfer, »stöhnende, dumpfklingende Töne«. Von Doppeltrommeln aus menschlichen Gehirnschalen »klapperndes Geistergeräusch«. Von einer Trompete aus menschlichen Schenkelknochen »schrille Töne«. Von der Kesselpauke »dumpf dröhnende Laute«.

Vom Tamburin und den kleinen Damaru-Hand-trommeln »scharf pochende Töne« und schließlich »Glockenläuten« von den Messingbecken und Gongs.

Den Dämonen traten Götter und gute Geister entgegen, auch sie dargestellt als mächtige Ungeheuer mit riesigen Hörnern. Ihr König tötete und zerhackte das durch eine große Teigfigur versinnbildlichte Böse. Dann warf er die Einzelteile der Symbolgestalt in die Menge der Zuschauer, die sie als Talisman gegen Krankheit und Unheil mit nach Hause nahmen. Wie bei allen indischen Tanzdramen siegte auch hier am Ende das Gute über das Böse. Eine universale Ordnung wird bestätigt, in der sich die Menschen geborgen fühlen können, solange sie nur den Weisungen der Lamas folgen.

Auf dem Rückweg von Hemis nach Leh machten wir Rast in einem Dorf, wo uns die Bauern gastfreundlich Tee in Holzschalen servierten. In den Hütten saßen die Frauen am Spinnrad und spannen federleichte, seidenfeine Wolle. Aus dem tibetischen Hochland stammt die Schartusch-Wolle, die Wildantilopen an Felsen und Sträuchern abreiben, während in Ladakh domestizierte Ziegen die nicht ganz so feine Paschmina-Wolle liefern. In ihren Weidegründen sinkt die Temperatur monatelang bis zu 50 Grad unter den Gefrierpunkt. Als Schutz gegen diese barbarische Kälte wächst den Tieren ein seidenweicher Flaum auf der Haut, der zu Wolle verarbeitet wird.

Für die Schartusch- und Paschmina-Schals – von einem so feinen Gewebe, daß man sie meterbreit und -lang durch einen Ehering ziehen kann – bezahlen wohlhabende Inderinnen bis zu 20 000 Mark. Die Bäuerinnen in Leh verdienen mit ihrer Arbeit ein paar Groschen am Tag. Den großen Verdienst machen die Endproduzenten im Kaschmir-Tal und die Händler in den indischen Großstädten. Was mit dem Qualitätszeichen Kaschmirwolle auf dem Weltmarkt verkauft wird, ist allerdings meist aus dem Vlies australischer Merino-Schafe hergestellt.

Die wirtschaftliche Ausbeutung ihres Landes durch die »Kaschmiri aus dem Tal« irritiert viele Ladakhis. Auch unter den Mönchen gibt es einen spürbaren politischen Widerstand gegen die Regierung in Srinagar, der man vorwirft, daß sie die kulturelle Eigenständigkeit der buddhistischen Einwohner nicht gebührend respektiere. Zum Abschluß meines Ladakh-Aufenthalts machte ich einen Besuch im Kloster Spituk, einer Festung, die das weite Tal um Leh beherrscht. In Spituk residiert der oberste Lama Bushok Bakula, der als wiedergeborene buddhistische Gottheit in Ladakh fast die gleiche Verehrung genießt wie der Dalai Lama in Tibet.

Als der Priesterfürst mich empfing, trug er ein Gewand aus schwerer gelber und blauer Brokatseide und einen vergoldeten Priesterhut. Sein kluges Mongolengesicht musterte mich neugierig. »La-

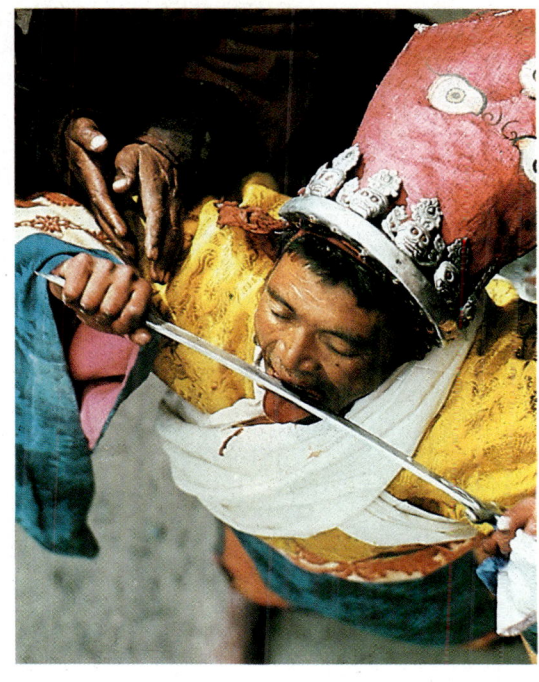

dakh«, sagte mir der Lama, »ist der einzige Landesteil der Indischen Union mit einer buddhistischen Bevölkerungsmehrheit. Wir aber werden ständig von den kaschmirischen Moslems tyrannisiert und fordern deshalb die Trennung Ladakhs von Jammu und Kaschmir. Allerdings sind wir bereit, uns als autonome Region weiter der Kontrolle und dem Schutz Delhis zu unterstellen.«

Hier herrschen die gleichen Probleme, die die Beziehungen zwischen den kaschmirischen Mohammedanern und ihren hinduistischen Landsleuten in Jammu belasten und im Punjab zum blutigen Bürgerkrieg zwischen militanten Sikhs und Hindus geführt haben. Es sind Grundprobleme des kontinentalen Vielvölkerstaates, die der Führung der Indischen Union eine der schwierigsten Regierungsaufgaben der Welt aufbürden.

Als ich mich von dem Oberlama Bushok Bakula verabschiedet hatte, sah ich vor dem Kloster fromme Ladakhis an einer langen Mauer von Mani-Steinen stehen, die Pilger hier seit Jahrhunderten aufgeschichtet haben und in denen immer das gleiche Gebet eingraviert ist: »Om Mani Padme Hum« – »O du Kleinod im Lotos – Du Buddha im Herzen der Menschen«.

Den gleichen Spruch wiederholten die Pilger endlos, als sie an der Klosterwand die kupfernen Gebetsmühlen drehten. Sie erhoffen sich davon den Beistand ihrer Götter. Diese Götter lehren sie zu leben und im Glauben an die Wiedergeburt zu sterben. Die Menschen sind überzeugt, Teil einer kosmischen Ordnung zu sein. Diese Gewißheit bedeutet den Ladakhis mehr als alle politischen und wirtschaftlichen Sorgen der Gegenwart – ein glückliches Volk, trotz Armut und tausendjähriger Rückständigkeit.   □

Tibets Mönche
haben den Bergvölkern
im Himalaya den
Buddhismus gebracht.
Zum Neujahrsfest über-
schütten sie sich mit
Mehl, um das alte Jahr zu
verabschieden und
das neue zu begrüßen

Nur wer die Verheißung des Buddha kennt, versteht die Menschen im Himalaya: Alles ist Leiden, alles vergänglich. Doch wer den Gleichmut gewinnt, wird das Ziel erreichen – die Erlösung von allem Leid

Der Weg des Großen Fahrzeugs

Von Joachim P. Chwaszcza

Diamantzepter: Symbol
des Vajrayanabuddhismus

Weite Gebiete des Himalaya in Indien, Nepal und fast ganz Tibet sind menschenfeindliche Regionen, abgelegen, über viertausend Meter hoch. Temperaturen von minus 40 Grad im Winter sind keine Seltenheit und die Täler oft monatelang von der Außenwelt abgeschnitten. Hier ist das Mahayana (»Große Fahrzeug«) zu Hause, ein reformierter Buddhismus mit einer Vielfalt von religiösen Formen. Er prägt das Dasein der Menschen und hilft ihnen, in dieser Unwirtlichkeit nicht unterzugehen. Mit der Lehre des Buddha durchwandern sie den ewigen Kreislauf der Existenzen, langsam und stetig dem Ziel entgegen, dem Erlöschen allen Leides.

Schon im 3. Jahrhundert vor unserer Zeitrechnung, rund hundert Jahre nach dem Tod Buddhas, kam es unter seinen Anhängern zu Streitigkeiten. Sie spalteten sich in die Theravadin, die Vertreter der alten Lehre, und in die Mahasanghika, die neue, große Gemeinde. Dabei ging es vor allem um den Unterschied zwischen der elitären Haltung der Theravadin, die den traditionellen, strengen Idealen der Asketenbewegung treu bleiben wollten, und der Lehre der Mahasanghika, die im Buddhismus einen Weg zum Heil für die Massen und nicht nur für wenige Auserwählte sah. Aus ihren Vorstellungen entwickelte sich im Laufe mehrerer Generationen der Mahayanabuddhismus, das »Große Fahrzeug«, mit dem alle zur Erlösung kommen können.

Mahayana machte Front gegen die alten Schulen, die in dogmatischen Streitigkeiten zu erstarren drohten. Die Anhänger des Mahayana betonen die meditative Praxis und verwerfen philosophische Spekulationen, ohne die Autorität der traditionellen Schriften zu bestreiten. Sie sind von der »Leerheit«, *shunyata,* der Welt überzeugt, deren Wirklichkeit sich nicht in Begriffe fassen läßt.

Wer durch die Regionen des Himalaya reist, steht ratlos vor einer Unzahl von Buddhas, friedlichen und zornigen Erscheinungen mit und ohne weibliche Partnerinnen, einem Götterhimmel, der das griechische Pantheon als Kleinfamilie erscheinen läßt. Mal wird die Sanskrit-, mal die Palibezeichnung verwendet. Verzweifelt blättert der Betrachter in seinem Kunstreiseführer. Die Verwirrung ist perfekt. Was bleibt, sind nicht selten Unverständnis und Geringschätzung. Ein Buddhist wird kaum Zugang zum christlichen Denken finden, nur weil er vor der Figur des heiligen Christophorus steht. Kein Europäer versteht den Buddhismus, nur weil er ein Mandala betrachtet. Wie kam es dazu, daß ein asketischer Wanderprediger zum »Erleuchteten«, zum Buddha, wurde, und welche Lehre hat er den Menschen gebracht?

Der historische Buddha, Siddhartha Gautama, wurde im 6. oder 5. Jahrhundert v. Chr. im fürstlichen Palast seines Vaters im heutigen Südnepal, nahe der Stadt Lumbini, geboren. Der Legende nach ist der 29jährige Adlige tief erschüttert, als er auf vier Ausritten einem Alten, einem Kranken, einem Leichnam und einem Asketen begegnet. Plötzlich erkennt er die Vergänglichkeit materieller Werte und verläßt –

Im Gazellenhain von Benares predigt Buddha zum ersten Mal die »vier edlen Wahrheiten«

obwohl glücklich verheiratet und Vater eines Sohnes – Heimat und Familie, um, wie so viele Menschen seiner Zeit, den Weg zur Erlösung von allem Leiden zu finden.

Er schließt sich verschiedenen Lehrmeistern an und verbringt die Jahre mit immer härterer Askese, ohne seinem Ziel näherzukommen. Völlig verzweifelt sitzt der 35jährige am Ufer des indischen Flusses Nairanjana unter einem Baum, als es ihm endlich gelingt, die Wahrheit zu schauen: den Weg zur Erlösung von allem Leiden, und wie man ihn erreichen kann. Für Augenblicke tiefster Versenkung ist Siddhartha im Nirvana. In der Meditation unter dem Baum der Erleuchtung, dem Bodhi, wird er zum Buddha, zum Erleuchteten.

Seine Erkenntnis formuliert der Buddha in den »vier edlen Wahrheiten« und predigt sie – nach anfänglichem Zögern – im Gazellenhain vor der Stadt Varanasi (Benares) fünf ehemaligen Mitasketen. Die fünf werden bekehrt, und das Rad der Lehre setzt sich in Bewegung. Das Rad und die Swastika, das Sonnenrad, von den Nazis als Hakenkreuz mißbraucht, wurden zum Symbol des Buddhismus und begegnen dem Reisenden überall in Asien: an Knöpfen tibetischer Mäntel und Jacken ebenso wie auf Firmenzeichen der Restaurants.

Nach der Predigt von Benares zieht der Buddha etwa 45 Jahre lang als Lehrer durch das Gebiet des heutigen Uttar Pradesh und Bihar. Mit 80 stirbt er an einer Lebensmittelvergiftung. Inzwischen ist er so berühmt, daß nach seinem Tod fast ein Krieg zwischen den nordindischen Stämmen um die Reste seiner Asche ausbricht. Eine genaue Datierung des historischen Buddha ist nicht möglich. Die indische Tradition gibt 368 v. Chr. als Todesjahr an, in der ceylonesischen geht man von 486 oder 480 aus. Wahrscheinlich ist es um wenigstens hundert Jahre zu früh angesetzt.

Die erste der »vier edlen Wahrheiten« Buddhas sagt: »Alles ist Leiden.« Krankheit und Alter, Kummer und Schmerz, Trennung und Tod – das gesamte Dasein ist eine Kette von Leid. Auch Gefühle, die wir zuerst als angenehm empfinden, sind leidvoll – weil sie vergänglich sind. Es gibt keine dauerhafte Befriedigung, sondern nur den ewigen Kreislauf von Werden und Vergehen, von Geburt und Wiedergeburt. Die zweite Wahrheit führt zur Ursache des Leidens: »Es ist der Durst nach Sinnesgenüssen … Werden und Vergehen.« Dieses Begehren hält den Kreislauf der Existenzen in Gang, der nach einer festen Ordnung, dem *dharma,* abläuft.

Die dritte Wahrheit stellt fest, wie dieser Kreislauf und damit das Leiden unterbrochen werden kann: »Es ist die restlose Abwendung vom Begehren.« Nur wer das Verlangen in sich abtötet, begegnet allem mit Güte und Gleichmut und kann von keinem Leid mehr betroffen werden. Das ist die endgültige Befreiung von allem Vergänglichen, das Nirvana.

Die vierte Wahrheit des Buddha sagt, mit welchen Tugenden man auf dem »edlen, achtgliedrigen Pfad« diese Befreiung erreicht – durch rechte Sicht, rechte Gesinnung, rechte Rede, rechtes Handeln, rechte Lebensführung, rechtes Bemühen, rechte Achtsamkeit und rechte Meditation. Es sind keine Punkte, die man abhaken kann, sondern eng miteinander verbundene Handlungsprinzipien für das ganze Leben.

Was uns immer wieder daran hindert, diesen Pfad zu betreten und in den »Strom der Erlösung« einzutauchen, sind Haß, Gier und Verblendung, die drei menschlichen Grundübel. In der buddhistischen Ikonographie sind diese drei »Gifte« durch das Schwein, den Vogel und die Schlange in der Mitte des Lebensrades dargestellt. Die Gesinnung, die sich in den guten und schlechten Taten unseres Lebens äußert, bildet das *karma.* Es entscheidet über die Art unserer Wiedergeburt. Karma bedeutet nicht, sein Schicksal fatalistisch hinzunehmen. Buddha fordert seine Jünger in seinen Predigten immer wieder auf, ihr Leben selbst zu gestalten und sich nicht willenlos treiben zu lassen. »So wahrlich auch empfangen ihn / der Gutes tat, in neuem Sein / die guten Taten insgesamt / wie Freunde einen lieben Freund« heißt es im Dhammapadam, einer alten Lehrschrift des Buddhismus.

Die Karmalehre gibt nicht nur Auskunft, auf welche Weise wir wiedergeboren werden. Sie gebietet dem Menschen, niemals Leben in irgendeiner Form zu verletzen. Jedes Lebewesen, nicht nur den Menschen, soll man achten, da alle in den Kreislauf der Existenzen eingebunden sind. In jedem soll man seinen Vater und seine Mutter erblicken, Bruder, Schwester und den besten Freund, denn auf der unendlich langen Wanderung durch die Existenzen sind sie es alle einmal gewesen. Das ist der Kern der buddhistischen Ethik, für die ein absolutes Tötungsverbot besteht.

Es gibt nur den ewigen Kreislauf von Werden und Vergehen, von Geburt und Wiedergeburt

Es genügt nicht zu wissen, wie man den Weg zur Erlösung findet. Der Mensch muß andere Einstellungen gewinnen und sie auch leben, die vier Brahmaviharas: Güte, Mitleid, Mitfreude und Gleichmut. Diesem Ziel dient auch die Meditation. Durch eine strenge Konzentration des Geistes, durch bestimmte Übungen gelingen den Gläubigen mit der Zeit immer tiefere Versenkungen. Am Ende dieses Weges steht das Nirvana, das Erlöschen allen Leids, allen Begehrens. Es ist die Befreiung von allem, was vergänglich ist, von Alter, Tod und Wiedergeburt. Das Nirvana beginnt nicht erst nach dem Tod, sondern ist eine neue Existenzweise, die schon zu Lebzeiten erreicht werden kann. Zwar bleibt der Erleuchtete physisch noch in der irdischen Existenz, aber er hat sich so weit vom Dasein befreit und den inneren Frieden gefunden, daß er niemals mehr in einen unerlösten Zustand zurückfallen kann.

Nach buddhistischer Auffassung entschwindet der Erlöste mit seinem Tod in das endgültige Nirvana, ein Bereich, der sich allen Vorstellungen und Begriffen entzieht. Dieses Nirvana ist keineswegs das Nichts, und der Buddhismus ist keine nihilistische Religion. Das Nirvana ist von der Welt radikal verschieden: »Es gibt, ihr Mönche, einen Bereich, wo weder Festes noch Flüssiges ist, weder Hitze noch Bewegung, weder diese Welt noch jene Welt, weder Sonne noch Mond . . . Das eben ist das Ende des Leidens.« Die Frage, wie denn die Erlösten im Nirvana weiterexistieren, hat der Buddha nicht beantwortet. Sie ist im Sinne des Erleuchteten falsch gestellt, denn es ist sinnlos, etwas verstehen zu wollen, das außerhalb unseres Bewußtseins liegt. Eine solche Frage führt nur in die Irre.

In der kultischen Praxis wendet sich der Gläubige an den Bodhisattva und bittet ihn um Hilfe für Fortschritte auf seinem Weg zur Erlösung. Zwar heißt das Vermächtnis des Buddha: »Seid euch selbst Insel. Seid euch selbst Zuflucht. Habt keine andere Zuflucht.« Doch der Mensch ist nicht total auf sich allein gestellt. Die mahayanistischen Lehren bieten Hilfsmittel und Bilder, um den einzelnen auf seinem Weg voranzubringen. Zentrale und beliebte Symbolfigur für diese Erlösungshilfe ist Avalokiteshvara, der Bodhisattva des unendlichen Mitleids und der großen Güte, der im Himalaya-Raum besonders verehrt wird. Das Bodhisattva-Ideal hat Konsequenzen für das konkrete Leben des einzelnen. Es sind die Hilfsbereitschaft, die Freundlichkeit und die Herzenswärme der Tibeter, die immer wieder aufs neue faszinieren. Sie leben, wie es in den Schriften steht: »Als Herr über sein Selbst möge der Bodhisattva als erster die Worte der Begrüßung sprechen und der Welt ein Freund sein und helfen, ohne gebeten zu sein.«

Etwa um die Mitte des ersten nachchristlichen Jahrtausends entwickelte sich durch Einflüsse des Hinduismus auf den Buddhismus der Vajrayana, eine tantrische, rituell geprägte Richtung des Mahayana, die sich vor allem im Himalaya durchsetzte. Das Symbol des Vajrayana ist der *vajra,* das Diamantzepter. Es steht für die Reinheit der Lehre und ihre Unerschütterlichkeit, denn nichts ist so klar, so echt und so unzerstörbar wie ein Diamant. Im Vajrayana, dem »Diamantenen Fahrzeug«, kommt zu den traditionellen buddhistischen Lehren die Besonderheit des Tantra hinzu. Im Westen mißversteht man oft die Geheimlehren des Tantra und assoziiert damit sexuelle Exzesse oder den Gebrauch von Drogen, die angeblich dazu verwendet werden, höhere Bewußtseinsstufen zu erlangen. Das trifft aber nur auf eine kleine Minderheit der Tantriker zu.

Der Tantrismus schreibt für die religiösen Feiern bestimmte Zeremonien vor, zum Beispiel die Haltung der Hände *(mudra).* Er kennt vielfältige Sammlungen von *mantras,* Gebetsformeln, die oft nur aus wenigen Silben bestehen, und *mandalas,* Meditationsbilder. Alles soll dem Meditierenden helfen, in tiefere Stadien der Versenkung zu gelangen. Ein weiterer Schritt auf dem Weg zur totalen Meditation ist für den Tantriker das Yoga, das ihn am Ende zur Erlangung der Buddhaschaft führt.

Viele tantrische Überlieferungen sind Geheimlehren, nur für die persönliche Unterweisung fortgeschrittener Schüler durch einen besonderen Lehrmeister gedacht. Deshalb bleiben sie für Außenstehende unverständlich und sind großen Mißverständnissen ausgesetzt. Aber es gibt – auf der untersten Stufe – öffentliche Rituale, an denen auch die Uneingeweihten teilnehmen dürfen.

Im Himalaya weitverbreitete tantrische Zeremonien sind die Mysterienspiele, die Cham-tänze der großen Klöster in Ladakh, Nepal und Bhutan. Hier verschmelzen Elemente der schamanistischen Vorzeit mit den Ritualen und der Magie des Tantra. Ursprünglich sollten die meisten Feste böse Dämonen vertreiben, das alte

Gebetsfahnen und Gebetsmühlen zeigen den Gläubigen den Weg zum Heil

Jahr gut beenden und das neue gut beginnen lassen. Deshalb fanden diese Zeremonien früher rund um das tibetische Neujahr, die Zeit der Wintersonnenwende, statt. Durch den wachsenden Strom von Touristen – vor allem in Ladakh – wurden sie nach und nach in die Haupttreisezeit im Sommer, und damit in die Erntezeit, verlegt.

Bei nahezu allen Festen, sei es das bekannte Hemisfest in Ladakh oder die weniger bekannten Feiern in Nepal und Bhutan, steht der Tanz der Schwarzhutzauberer im Mittelpunkt. Unter dem dumpfen Klang der Ritualposaunen und begleitet von magischen Beschwörungsformeln der Mönche, bannt der Schwarzhutzauberer die bösen Geister in den *storma,* den Opferkuchen. Anschließend zerstückelt der Mönch oder ein Eingeweihter mit »Hirschmaske« – die lokalen Ausprägungen sind sehr verschieden – den Kuchen mit tantrischen Opferinstrumenten.

Der Tanz geht auf vorbuddhistische Zeiten zurück und war in seiner Urform möglicherweise mit Menschenopfern verbunden. Er erzählt eine historische Begebenheit, denn in der Verkleidung als Schwarzhutzauberer soll der Mönch Lha-lun dpal-gyi-rdo-rje den berüchtigten König gLan-dar-ma, der Mitte des 9. Jahrhunderts in Tibet herrschte, mit Pfeil und Bogen getötet haben. gLan-dar-ma war ein fanatischer Anhänger der Bon-Religion, der schamanistischen Urreligion Tibets, und versuchte, den Buddhismus in Tibet wieder auszulöschen. Lha-lun dpal-gyi-rdo-rje war der Legende nach der letzte Mönch, der die Buddhistenverfolgung überlebt hatte. Der Sieg des Buddhismus über die Bon-Religion, die Tötung gLan-dar-mas, Fruchtbarkeitsriten und einfache Unterhaltung verschmelzen in diesen Festen, zu denen die Besucher oft wochenlang aus den entlegensten Tälern des Himalaya anreisen.

Besonders in Nepal findet der Fremde ein weitreichendes Angebot traditionell tantrischer Ritual-Gegenstände, die zweckentfremdet auf dem Durbar Square in Kathmandu als Souvenirs angeboten werden. Bei den meist aus Messing gefertigten Mitbringseln handelt es sich um Massenproduktionen tantrischer Symbole, wie etwa die Glocke und den Vajra. Beide spielen im ritualen Vollzug des Tantrismus eine wichtige Rolle.

Der Vajra – Diamantzepter, aber auch Donnerkeil genannt – symbolisiert die Unzerstörbarkeit und Reinheit der Lehre, aber auch die Leere, *shunyata,* die uns daran erinnert, daß unsere Vorstellung von der Wirklichkeit nur Schein ist. Der Vajra ist zugleich das »männliche« Gegenstück zur Glocke, dem Zeichen des Weiblichen. Während der Gebetszeremonien im Kloster hält der Lama, der Mönch, den Vajra und die Glocke in der Hand und führt nach festem Ritual mit beiden bestimmte Handbewegungen aus.

Im Tantrismus kann die sexuelle Kraft zur Erreichung der Erleuchtung nutzbar gemacht werden. Die Vereinigung des Weiblichen und des Männlichen bedeutet die Auflösung und das Zusammenfallen aller Gegensätze. Für die Mönche des traditionellen Buddhismus dagegen gilt totale sexuelle Enthaltsamkeit.

Bei fast jedem Ladakhi oder Tibeter wird man die Gebetsmühle und die Gebetskette sehen. Dem westlichen Besucher fällt es leicht, diese religiöse Praxis vorschnell als mechanischen Gebetsvollzug zu verurteilen, aber um so schwerer, sie wirklich zu verstehen. Der Gebrauch der religiösen Formeln, der Mantras, die in den Gebetsmühlen eingeschlossen sind, ist eigentlich nur dem Eingeweihten vorbehalten. Er ist durch eine lange Schulung gegangen und weiß, wie man die magischen Worte richtig intoniert und rezitiert. Wird eine Mantra falsch rezitiert, bleibt nach den magischen Lehren des Tantraismus die erhoffte segensreiche Wirkung nämlich aus. Die Gebetsmühle jedoch gibt auch dem unwissenden, einfachen Gläubigen die Möglichkeit, an den heilsamen Wirkungen der Mantras teilzuhaben, ohne in die komplizierten Feinheiten der richtigen Ausübung eingeweiht zu sein.

Ähnlich verhält es sich mit den Gebetsfahnen. Die bunten, mit Gebeten bedruckten Stofftücher flattern überall an Hausdächern, an Dorfeingängen und an windigen Paßhöhen hoch in den Bergen. Es ist ein Trugschluß, daß hier die Gebetsausübung der Natur, das heißt dem Wind überlassen wird. Wie die Gebetsmühlen sind die Gebetsfahnen Hilfen für die Nichteingeweihten, der Erlösung vom Leid näherzukommen. Denn das ist die Botschaft von Vajrayana und Mahayanabuddhismus: Für alle gibt es einen Weg zum Heil, und alle können teilhaben an der Freiheit vom Leiden, die einst der Erleuchtete unter dem Bodhi-Baum fand. □

„Eine hinreißende, literarische Sommerreise durch Europa.
An den schönsten Plätzen unseres Kontinents, Rom, Florenz, Paris,
Madrid und Hamburg, erteilt der lebenserfahrene Autor Lansburgh so
ganz nebenbei – und immer gespickt mit witzigen Einfällen – Lektionen
in Englisch, Kultur, gutem Essen und wie schön, Zärtlichkeit.
Schlagen Sie das Buch auf, Du – Sie, liebe Leserin, lieber Leser,
to brush up your English, und genießen Sie, was Lansburgh Ihnen an
aktuellen Vokabeln
beibringen wird."

Rita Lorenzen,
Hamburger
Abendblatt

HOFFMANN
UND CAMPE

320 Seiten,
gebunden

Typische Häuserzeile
entlang des Jhelum-Flusses, der
mit seinen vielen Neben-
armen Kaschmirs Hauptstadt
Srinagar durchzieht.
Über dem Fluß leuchtet
das Fort Hari Parbhat,
vom Mogulkaiser Akbar im
16. Jahrhundert errichtet

PARADIES

Auf den Wasserstraßen
von Srinagar:
Der schwimmende
Gemüsemarkt

Der glänzende Lingam, stilisierter Phallus des Gottes Shiva, den ein junger Hindu-Priester im Tempel bewacht, gleicht mehr einer Bombe. Gläubige streuen Blüten auf seine Spitze, umschreiten ihn ehrfürchtig, murmeln Gebete. Der Priester sammelt das Geld ein, das sie neben die kleine Bronzestatue Shivas und seiner Frau Parvati werfen, und zündet Räucherstäbchen an. Auf mein Bitten entlockt er dem silbergefaßten Muschelhorn, das zu den Kultinstrumenten gehört, mit geblähten Backen einen langgezogenen, dumpf-klagenden Ton, der durch die offene Tür weit ins Tal hallt.

Ich sitze vor dem Shankaracharya-Tempel auf dem »Thron des Salomon«, dem Takht-i-Sulaiman, wie der kahle Felsen heißt, der sich 305 Meter über Srinagar erhebt, und genieße den Blick in das weite Kaschmirtal. Der Duft der Räucherstäbchen aus dem Tempel umweht mich. Im Hintergrund türmen sich die verschneiten Bergketten des Karakorum und des Himalaya. Wie feine Silberfäden schlängelt sich der Jhelum-Fluß mit unzähligen Nebenarmen durch die grünen Reisfelder. Im blauschimmernden Dal-See liegen die Luxus-Hausboote für die Touristen vertäut. Im Nordwesten ducken sich die holzgedeckten Ziegelhäuser der Stadt wie eine Schafherde um einen weiteren Felshügel, auf dem Mogulkaiser Akbar im 15. Jahrhundert das Fort Hari Parbhat bauen ließ. Weit in der Ferne am östlichen Ende des Sees ahne ich die zauberhaften Mogulgärten.

»Gibt es ein Paradies auf Erden, dann ist es hier«, schwärmte vor über 350 Jahren Kaiser Jahangir. Friedlich, bezaubernd, paradiesisch sieht tatsächlich alles aus – von oben. Unten aber ist die Hölle los. Kugeln fetzten um den Bus, als wir gestern, vom Flughafen kommend, eine Stunde inmitten einer Auto- und Pferdekarrenlawine eingekeilt waren;

MIT KLEINEN FEHLERN

Kaiser und Kolonialherren machten Kaschmirs Hauptstadt Srinagar zu ihrer Sommerresidenz. Doch das liebliche Tal um den Dal-See hat zwei Gesichter. MERIAN-Autorin Renate Scheiper erlebte beide

Ganz Srinagar ist ein Basar. Die Geschäfte florieren hier besser als irgendwo sonst in Indien. Wenn eine Muslimfrau Hunger hat, darf sie sogar den Schleier lüften. Die Wasserpfeifen sind nur den Männern erlaubt

sen sich die muslimischen Gebiete dem neu gegründeten Staat Pakistan an. Kaschmir jedoch wurde durch die Entscheidung des hinduistischen Maharajas Hari Singh Indien zugeschlagen – gegen den Willen der muslimischen Bevölkerung. Im Jahre 1957 integrierte Indien das Gebiet als Provinz Jammu und Kaschmir mit der Hauptstadt Srinagar als 16. Bundesstaat. Damit abgefunden haben sich die muslimischen Bewohner bis heute nicht.

Die Kaschmiris zogen bei allen politisch-religiösen Kämpfen immer den kürzeren. Sie wurden gedemütigt, gepeinigt, ausgebeutet. Jetzt drehen sie den Spieß um und halten sich an den Touristen ein wenig schadlos. Als die »cleversten Händler der Welt« bezeichnen sie sich selbst. Kaum ein Tourist wird sich rühmen können, ihren verlockenden Angeboten widerstanden zu haben. Den Reibach aber macht in jedem Fall der Händler. »Saphire«, die als Mondsteine angeboten werden, sind meist gefärbtes Glas; das »Weißgold« ist oft nicht einmal Silber und die »Granat«-Kette garantiert aus Plastik.

Um den Ankömmling wenigstens bei seiner Ankunft in Kaschmir vor den Schleppern zu schützen, die ihn in überteuren Taxis zu Hotels oder Hausbooten mit Wucherpreisen bringen, hat die Touristenpolizei den Flughafen Srinagar für Einheimische gesperrt. Regierungseigene Busse fahren den Fremden zu einem festgesetzten, niedrigen Tarif zunächst in die Stadt zum Touristenzentrum, wo er sich umfassend informieren kann. Danach allerdings ist er schutzlos den Händlern ausgeliefert, die hinter jedem Baum hervorschießen, an jeder Anlegestelle lauern. Wie Heuschrecken überfallen ihn von allen Seiten die Shikaras, schwimmende Taxis, mit denen man zu den Hausbooten gerudert wird. In Hotels wohnen kann man überall. Luxusunterkünfte auf Hausbooten gibt es nur in Srinagar, dem »Venedig des Nordens«. Sie sind ein Relikt der englischen Kolonialherren und waren eigentlich eine Notlösung. Die klugen Maharajas, denen die britische Krone das Fürstentum Kaschmir 1846 verkauft hatte, erlaubten den Engländern nicht, Grundbesitz in der begehrten Sommerfrische zu erwerben. Inspiriert durch die einfachen Hausboote der Kaschmiris, ließen die Briten sich ebenfalls Boote bauen und auf dem Dal-See verankern.

Verständlich, daß die Mogulkaiser sich dieses zauberhafte Tal in 1600 Meter Höhe als Sommeraufenthalt wählten. Sie ließen die herrlichen Gärten am Dal-See anlegen wie den Nishat Bagh, den »Garten der Lüste«, wo sich über zwölf Terrassen Wasserläufe in Kaskaden hinabstürzen, um in unzähligen Springbrunnen wieder aufzusteigen. Rosen, Zinnien, Jasmin, Astern, Gloxinien, der indische Seidenwollbaum mit seinen rotleuchtenden Blüten, Zedern, Platanen, Zypressen und die königlichen Chinar-Bäume duften und blühen um die Wette. Mit ihrem gesamten Hofstaat einschließlich der Haremsdamen, verladen auf bunt geschmückte Elefanten, zogen die Herrscher jeden Sommer über den 3000 Meter hohen Pir Panjal-Paß, um dem Monsun in Indien auszuweichen.

»Wohin plumpsen die Abwässer?«, frage ich die Boys auf meinem Hausboothotel. »Nicht in den

Männer rasten um Ecken, duckten sich hinter Autos, warfen Steine gegen die Soldaten, die unbeholfen mit vorgehaltenen Schutzschilden durch die Straßen rannten und Knüppel schwangen. Eine Kugel zerschmetterte mit lautem Knall das linke Rücklicht unseres Busses. Doch der Fahrer rauchte mit stoischer Gelassenheit seine Huka, die Wasserpfeife, die unter dem Lenkrad stand, und winkte nur ab: Das sei gleich vorbei. Und in der Tat entwirrte sich bald das Verkehrsknäuel. Zurück blieben die indischen Soldaten, mit ihren Schilden wie Zinnsoldaten am Bürgersteig aufgereiht.

Immer wieder flammen solche Kämpfe zwischen Hindus und Muslimen auf. Hin und her gerissen zwischen Indien und Pakistan, möchte Kaschmir eigentlich selbständig sein. Seit mehr als zwei Jahrtausenden wechseln fremde Herrscher und fremde Religionen einander ab. Die Hindu-Könige mußten im 13. Jahrhundert muslimischen Eroberern weichen, 1586 verleibte Akbar der Große Kaschmir dem indischen Mogulreich ein. 200 Jahre später wurden die Afghanen eine gefürchtete Besatzungsmacht. 1819 riefen die Kaschmiris die benachbarten Sikhs zu Hilfe. 1846 annektierten die Briten das fruchtbare Tal und verkauften es für 750 000 Pfund Sterling und eine jährliche Tributleistung von einem Pferd, zwölf Ziegen und sechs feinsten Kaschmir-Schals an den Hindu-Herrscher Gulab Singh. Als Indien 1947 unabhängig wurde, schlos-

See«, schwören sie. Auch das Geschirr wird, natürlich, nicht im See abgewaschen. Doch schaue ich lieber weg, als ich sehe, daß an Land, wo die Küche ist, Wasser aus dem See geschöpft wird.

Die Mahlzeiten werden nach Absprache mit den Gästen zubereitet: kaschmirisch, indisch oder europäisch. Alles schmeckt vorzüglich, kann aber sehr scharf sein. Nach dem Essen wird Tee im Salon serviert – das ist die Stunde der Shikara-Händler, die schon auf der Veranda Schlange gestanden haben, um jetzt der Reihe nach ihre Waren auf dem Teppich auszubreiten.

Mit der Sonne, nämlich um fünf Uhr morgens, muß aufgestanden werden, will man eines der schönsten Erlebnisse in Srinagar, den schwimmenden Gemüsemarkt, nicht verpassen. Mit der hausbooteigenen Shikara werden wir über den spiegelglatten See gerudert. Eisvögel stoßen herab, die sich ihr Frühstück aus dem See holen. Die fliegenden Händler schlafen noch. Nur Bauern eilen mit ihren schmalen, langen Booten zum Markt, die herzförmigen, oft bemalten Paddel flink ein- und austauchend. Wir geraten in die schmalen Wasserwege zwischen den »schwimmenden Gärten«: Aus Schilf- und Wurzelgeflecht, mit Schlamm und Erde bedeckt, sind mitten im See große schwimmende Gartenflächen entstanden, bis zu einem Meter hoch. Gemüse aller Art und sogar kleine Bäume wachsen darauf. An den Ufern waschen Frauen Wäsche und Kinder im Wasser, nicken freundlich herüber. Auch einige der Hausbootläden sind schon geöffnet. In dichten Lotosblütenfeldern pflücken Frauen die großen Blätter; fast scheinen die Boote unter der Last zu versinken. Die Blätter sind Viehfutter oder werden zu kleinen Schalen gefaltet, aus denen überall in der Stadt in Öl gebackene Kartoffeln verkauft werden. Von einem Boot, das uns überholt, reicht mir ein Junge eine Lotosblüte als Morgengruß herüber.

Kreuz und quer liegen die schmalen Boote im Wasser, neu hinzukommende zwängen sich dazwischen, hochbeladen mit glänzenden dunkelvioletten Auberginen, knallroten Tomaten, weißgoldenen Zwiebeln, grünem Lauch, hellgelben Kartoffeln und duftendem Heu. Mit einer Handwaage wird das Verlangte abgewogen, ins Käuferboot hinübergekippt, in Körbe, Säcke oder einfach auf den Boden geschüttet. Es wird gerufen, angepriesen, gefeilscht.

Am Nachmittag landen wir ganz beiläufig auf dem Weg zu den Mogulgärten in dem neu gebauten modernen Teppichzentrum. Bei einer Tasse Tee wird »völlig unverbindlich« die ganze Herrlichkeit der Kaschmirteppiche vorgeführt. Interessanter ist es jedoch, eine der Teppichmanufakturen zu besuchen. Nach wie vor knüpfen ganze Familien einschließlich der Kinder in halbdunklen, großen Hallen an Woll- oder Seidenteppichen. 70 000 bis 80 000 Knoten pro Woche sind das mindeste, was geschafft werden muß. Mehrere Monate knüpft eine Familie an einem vier Quadratmeter großen Teppich. Im ersten Stock hocken junge Mädchen an langen, niedrigen Bänken auf der Erde und schreiben sorgfältig die in Code übertragenen Teppichmuster auf lange, braune Papierstreifen, die beim Knüpfen zwischen die Kettfäden geklemmt werden. In einer Art monotonem Singsang liest einer der Erwachsenen in Knüpfgeschwindigkeit die zu verwendenden Farben ab, im Takt greifen die Finger und zaubern die Wollfäden zu schönsten Blumenmustern.

Berühmt jedoch ist das 35 Kilometer breite und 140 Kilometer lange Kaschmirtal vor allem wegen seiner Maulbeerbäume und der Seidenraupenzucht. Im 15. Jahrhundert brachte der Sohn des Sultans Zain-ul-Abidin sie aus Samarkand mit, wo er am Hofe Tamerlans bis zu dessen Tod gefangengehalten worden war. Heute werden am Rande von Srinagar in einer Seidenspinnerei die Puppenkokons dieser Schmetterlinge zu Seidenfäden verarbeitet. In einer langen Halle sitzen hinter einer Stoffabtrennung Frauen auf der Erde und sortieren die weißlich-grauen Kokons. Babys liegen auf leeren Säcken. Ab und zu nehmen die Mütter sie zum Stillen auf, ohne dabei die Arbeit zu unterbrechen, denn es wird im Akkord gearbeitet. In der eigentlichen Fabrik ist es unerträglich heiß und feucht. Im Lärm der von ratternden Spinnmaschinen dröhnenden Hallen arbeiten ausgemergelte Männer. Sie hocken auf den Maschinen, fischen die gekochten Kokons aus einer dampfenden, undefinierbaren Brühe, ziehen die sich lösenden, mit bloßem Auge kaum zu erkennenden Fäden heraus, fädeln je drei durch eine winzige Öse an der Maschine, die sie gierig zu verschlucken scheint. Neun dieser Dreier-Fä-

Lotosblüten aus dem Dal-See verschaffen schon den Jüngsten ein kleines Einkommen. Achtzig Prozent der Kaschmiris leben von der Landwirtschaft. Ein begehrter Exportartikel ist Chili, der im Freien zum Trocknen aufgehängt wird

Srinagars Seiden-
fabriken wurden zu
Beginn des Jahr-
hunderts von den
englischen Kolo-
nialherren mit deut-
schen Maschinen
eingerichtet. Daß
»Singers« alte
Spinnmaschine
heute noch
funktioniert, zeugt
von Qualität

die im 14. Jahrhundert gegründete Freitagsmoschee, deren Pfeiler aus je einem Zedernbaum-
stamm bestehen. Diese Moschee darf sogar von
Ungläubigen betreten werden. Die wichtigste Pil-
gerstätte der Muslime in Kaschmir liegt außerhalb
Srinagars am Dal-See; die Hazrat-Bal-Moschee, in
der ein Haar des Propheten Mohammed aufbewahrt wird. Außer den Moscheen, den Tempeln für
Hindus und Sikhs – 70 Prozent der Bevölkerung
sind Muslime, 27 Prozent Hindus, zwei Prozent
Sikhs, ein Prozent Buddhisten –, darf ein weiteres
religiöses Phänomen nicht unerwähnt bleiben: Das
sogenannte Grab Christi.
»Rozabal« steht in großen Buchstaben über der
Tür eines kleinen Hauses mitten in Srinagar, das
von einem Lattenzaun umgeben ist. Ein Wärter
schließt auf, ich muß die Schuhe ausziehen, denn
das Grab des Propheten Yuz Assaf wird als musli-
misches Heiligtum verehrt. Hinter einem Holzgitter
ist durch ein Fenster der beleuchtete, tuchbehängte
Kenotaph, ein leerer Sarkophag, zu sehen. Der
eigentliche Sarg mit den Gebeinen des Bestatteten
befindet sich unter der Erde.

Viel wurde über diesen Ort geschrieben,
nichts ist bewiesen. Professor Fida Hass-
nain aus Srinagar stützt sich bei seinen For-
schungsarbeiten auf die »Entdeckung« des
russischen Gelehrten Nikolaj Notowitsch, der im
19. Jahrhundert im Kloster Hemis in Ladakh
Schriften gefunden haben will, in denen angeblich
von einem Issa = Jesus die Rede ist, der als junger
Mann von Palästina gekommen sei, in Indien die
Grundzüge seiner Lehre aufgenommen habe und
im Alter nach Kaschmir zurückkam, da er die Kreu-
zigung überlebt habe. Das »Grab« befindet sich
heute im Familienbesitz des moslemischen Hote-
liers Basharat Saleem, der sich als direkten Nach-
fahren des Propheten Yuz Assaf bezeichnet. Bisher
widersetzte er sich, das Grab untersuchen zu lassen.
Doch auch ohne einen solchen Aufwand gilt wohl,
was der anerkannte Orientalist Theodor Nöldeke
1894 über Notowitsch schrieb: Er rede »mit Ken-
nermiene über Dinge, von denen er nichts versteht«.
Westlich von Srinagar führt eine 45 Kilometer
lange Straße nach Gulmarg, durch eine alpenähn-
liche Landschaft mit vergletscherten Bergen, Wild-
bächen und engen Schluchten. Dieses beliebte Ski-
gebiet Indiens in 2700 Metern Höhe ist im Sommer
ein Dorado für Reiter und Golfspieler. Der eigentliche Clou ist der Blick auf den 8125 Meter hohen
Nanga Parbat, der auf pakistanischem Gebiet steht.
Auf einer hölzernen Aussichtsplattform drängeln
sich Menschen mit Ferngläsern jeder Stärke, weisen in völlig unterschiedliche Richtungen und be-
haupten: »Jetzt, da, genau zwischen den zwei dik-
ken Wolken, da ist er!« Mein einheimischer Begleiter verschafft mir einen Platz am Geländer, plaziert
mich so, daß ich genau über einer Baumspitze als
Peilung die Richtung einhalten kann. »Siehst du
die weiße Spitze über dem Telegraphenmast? Das
ist er. Schnell, bevor wieder eine Wolke kommt!«
Egal. Für alle Fälle fotografiere ich wie wild, bevor
mir die heranfegenden Wolkenschleier wieder alle
Illusion nehmen.   □

den wiederum werden am anderen Ende der Maschine zum eigentlichen Seidenfaden verzwirnt
und auf große Trommeln gewickelt. In einem Vor-
raum nehmen Männer die Lagen ab, wo sie zu Dok-
ken gedreht, gewogen und gestapelt werden.
Bei der Rückfahrt von der Fabrik lasse ich mich von
dem kleinen Motorrad-Taxi im Gewühl der engen
Altstadtgassen absetzen. Die Waren der Gewürz-
und Gemüsehändler, der Zuckerbäcker und Ge-
mischtwarenläden scheinen das Innere der kleinen
höhlenähnlichen Läden zu sprengen. Verschlafen
hocken Männer im Halbdunkel auf oder zwischen
den Waren – hier sind keine großen Geschäfte zu
machen.
Endlich gelange ich an den Jhelum. Am Flußufer
sind die einfachen Hausboote der Kaschmiris fest-
gemacht. Zwischen Boot und Ufer waschen sie be-
stickte Teppiche im bräunlichen Wasser. Mit dem
Kochtopf schöpfen Frauen das Wasser aus dem
Fluß, um das Mittagessen zu bereiten.
Am Ufer des Jhelum liegt auch die Shah Hamadan-
Moschee aus dem 15. Jahrhundert, ganz aus Holz
im typischen Kaschmirstil gebaut; mit den zierli-
chen Türmchen ähnelt sie einer Pagode. Ebenfalls
aus Holz ist die zierlich geschnitzte Jama-Moschee,

Reinhold Messner hat als einziger Mensch alle 14 Achttausender bestiegen. Auf 4110 Meter, am Fuß des Annapurna I., notierte er für MERIAN Gedanken über die Gipfelquälerei

Absurder Zeitvertreib

Bergsteiger-ABC von Reinhold Messner

Achttausender
gibt es nur vierzehn auf der Welt, und alle stehen im Himalaya oder Karakorum. Der westlichste ist der Nanga Parbat im Indus-Knie (8125 m, von Hermann Buhl 1953 als erstem bestiegen). Der östlichste ist der Kangchenjunga an der Grenze zwischen Sikkim und Nepal (8598 m, 1955 erstmals bestiegen). Die restlichen zwölf sind von Osten nach Westen: Makalu (8481 m), Lhotse (8501 m), Mount Everest (8848 m), Cho Oyu (8201 m), Shisha Pangma (8013 m), Manaslu (8156 m), Annapurna (8091 m), Dhaulagiri (8167 m), Gasherbrum I (8068 m), Gasherbrum II (8035 m), Broad Peak (8047 m) und K2 (8611 m). Warum diese Achttausender interessanter sind als die ungezählten Sieben- und Sechstausender? Weil sie zählbar sind und weil der zielbetonte westliche Mensch am liebsten nach den Sternen greift.

Besteigung
Alle Achttausender sind schon bestiegen worden. 1950 gelang einer französischen Expedition unter der Leitung von Maurice Herzog die Besteigung des gefährlichen Annapurna I. Lachenal, ein Bergführer aus Chamonix, und Herzog selbst erreichten als erste die Spitze eines Achttausenders. Am 29. Mai 1953 eroberten der Neuseeländer Edmund Hillary und der Sherpa Tenzing Norgay im Rahmen einer britischen Expedition den Mount Everest, den höchsten Berg der Welt. 1964 stieg eine ganze Kolonne von Chinesen und Tibetern auf den kleinsten Achttausender, den Shisha Pangma, der als einziger ganz auf chinesischem Hoheitsgebiet liegt. Damit war die Er-

oberungsphase an den Achttausendern abgeschlossen. Viele von den Siebentausendern sind bis heute noch nicht bestiegen.

China
Himalaya und Karakorum bilden im Südwesten die Grenze. Die Gipfel zwischen China auf der einen, Bhutan, Indien, Nepal und Pakistan auf der anderen Seite gehören zu den höchsten der Welt. Sie sind mehr als natürliche Grenzen, nämlich touristisch ausschlachtbares Kapital. Als China seine Grenzen 1980 auch für Bergsteiger öffnete, forderte es von den abenteuerhungrigen Alpinisten ein Vielfaches von dem, was die Regierungen in Nepal, Indien und Pakistan an Gipfelgebühr verlangten. Ein Beweis dafür, daß sich auch Kommunisten die freie Marktwirtschaft nutzbar machen.

Der neue Stil
im Himalaya wird auch der »Alpenstil« genannt und ist in der Tat ein sehr alter Stil. Über viele Jahrzehnte wurden alle hohen Berge mit Hilfe von Trägern, die ganze Lagerketten aufbauten, berannt. Dieser eigens für den Himalaya kreierte Expeditionsstil war kostspielig, erforderte viel Zeit, galt aber als erfolgversprechend. Im Jahre 1975 gelang es mir dann mit Peter Habeler, den Gasherbrum I, auch Hidden Peak genannt, ohne Hochlager, ohne Fixseile und ohne Fremdhilfe zu besteigen. Wir gingen vom Basislager aus, wohin uns die Talträger begleitet hatten, allein los, erreichten nach drei Tagen und zwei Freilagern (Biwaks) den Gipfel und stiegen in zwei Tagen dieselbe Route wieder herunter. Dieser Stil revolutionierte das

Höhenbergsteigen. Er war allerdings nicht neu, in den Alpen steigt man seit knapp 200 Jahren so auf die Berge.

Expedition
ist zum Synonym für die verschiedensten Arten von Ausflügen geworden. Der eine bezeichnet seine Urlaubsreise nach Nepal als Expedition, ein zweiter den hundertsten Aufstieg auf den Gipfel des Mount Everest über die Route der Erstbesteiger, von den Einheimischen heute Yakweg genannt. Für den Dritten ist es der Versuch, in Neuland vorzustoßen. Ich nenne meine Klettereien im Himalaya am liebsten Auslandsbergfahrten. Dabei geht es mir mehr um das »Wie« der Besteigung als um den Erfolg auf vorgezeichneten Wegen mit vorgegebenen Mitteln. Ein Ausflug ins Unbekannte wird eine solche Reise auf jeden Fall – allerdings weniger, was das Gebirge betrifft. Die Unbekannten liegen in uns. Der Berg ist das Medium, das uns helfen kann, zu den äußersten Grenzen unserer Ängste, Zweifel und Schwächen vorzustoßen.

Frauen
können ebenso gute Himalaya-Bergsteiger sein wie Männer. Daß sie die großen Pioniertaten bisher den Männern überließen, hängt vielleicht damit zusammen, daß sie so lange unterdrückt worden sind und gar nicht auf die Idee kamen, es den Männern gleichzutun. Frauen sind leidensfähiger und haben inzwischen bewiesen, daß sie oft auch höhentauglicher sind.

Gehen
ist die Voraussetzung für jede Himalaya-Tour. Von den letzten mit Jeep oder Flugzeug er-

reichbaren Dörfern läuft man bis zum Fuß des ausgewählten Berges, wo das Basislager errichtet wird. Dieser Weg ähnelt einer Wallfahrt, deren Ziel, der Berg, so wichtig werden kann wie ein Heiligtum. Vom Basislager geht es dann Stufe um Stufe aufwärts. Dabei hängt ein Schritt vom anderen ab, vom ersten bis zum letzten. Wie man mit dieser Belastung fertig wird? Leicht, denn meistens denkt man im Gehen gar nichts.

High-Sein
wird oft mit Oben-Sein verwechselt. Aber auf dem Gipfel ist die Angst, nicht lebendig wieder hinunterzukommen, oft so groß, daß die Hochgefühle ausbleiben. Unsere Empfindungen sind am Ziel manchmal so stumpf, daß wir wie in Trance handeln. Unter einem Zwang, der vom Überlebenswillen diktiert wird. Den vielbeschriebenen Höhenrausch gibt es nicht, es gibt nur eine Höhenkrankheit, die durch die dünne Luft ausgelöst wird und den Menschen apathisch und unbeholfen macht. Die Höhenkrankheit bewirkt das gleiche wie der Alkohol: ein rapides Absterben der grauen Gehirnzellen.

Ich-Erlebnisse
werden meist als Motivation für eine Himalaya-Besteigung genannt. Ich selbst habe einige Bücher darüber geschrieben. Erklärt ist damit gar nichts: Das Bergsteigen ist und bleibt absurd und nur, wenn sich der Bergsteiger dessen voll bewußt ist, kann ich ihn mir als glücklichen Menschen vorstellen.

Jenseits
einer bestimmten Grenze ist man beim Himalaya-Berg-

steigen verloren. Es gibt keine sicheren Brücken mehr zurück ins Tal, zu den anderen Menschen und auch keine Notwendigkeit weiterzuklettern. Der Himmel hängt als Abgrund über einem. Ich habe solche Momente 1970 bei der ersten Überschreitung des Nanga Parbat erlebt, 1972 in einem Schneesturm am Gipfelplateau am Manaslu und erst 1985 wieder im reißenden Nordwest am Annapurna I. Wenn ich dann trotz aller Befürchtungen wieder unten bin, kann ich es selbst kaum glauben, daß ich noch am Leben bin.

Karakorum

bedeutet »schwarzes Geröll«. Einige Geographen rechnen diesen Bergstock nördlich des Indus zum Himalaya, andere sehen ihn wie Hindukush, Pamir, Transhimalaya, Kunlun Shan als selbständige Gebirgskette in Zentralasien an. Für Bergsteiger ist dies sekundär. Namen, Einteilungen, Höhenmeter sind Konventionen, mehr oder weniger zufällig. Elementar sind die Berge mit ihren Höhen, Graten, Stürmen; die Täler und Schluchten mit ihren Flüssen, Nebeln und Menschen, die diesen Gebirgen seit Jahrhunderten Leben und Geschichte geben.

Lernen

kann das Himalaya-Bergsteigen jeder. Wer in den Alpen zurechtkommt, an Fels und Eis klettern kann, könnte theoretisch auch einen Achttausender bewältigen. Die größeren Dimensionen abzuschätzen, die Risiken zu kalkulieren, ist ein erster Schritt im Lernprozeß vom Matterhorn zum K 2, der fast doppelt so groß ist. Mit dem eigenen Körper umzugehen, der

Zwei Generationen von Bergsteigern:
Edmund Hillary und Reinhold Messner

mit jedem Schritt nach oben langsamer und schwächer wird, ist schon schwieriger. Das Geheimnis des Erfolgs besteht aus einer Serie von Handgriffen, Fertigkeiten und Instinkten, die man sich nur durch eigene Erfahrungen aneignen kann: das Aufbrechen im richtigen Augenblick; die Arbeitsteilung beim Aufstieg und Biwakbau; das rechtzeitige Lagern, um alles trocknen und genügend trinken zu können; einen Augenblick früher zurückzugehen, als lebensnotwendig erscheint.

Monsun

im Himalaya ist eine Bedrohung – und nicht selten für Bergsteiger eine Ausrede. Wie viele Expeditionen sind gescheitert, weil sie vom Monsun überrascht worden sind? Wie viele Expeditionen, die gescheitert sind,

haben den Monsun nur als Ausrede vorgeschoben? Der Monsun führt warme, feuchte Luft aus dem Golf von Bengalen und dem Golf von Persien an die gigantische Himalayamauer. Dort kühlt sie ab und bildet dicke Regenwolken. Deshalb regnet und schneit es von Anfang Juni bis Mitte September. Nur weiter im Westen, im Karakorumgebirge, wo der Monsun geringeren Einfluß auf das Wetter hat, steigt man in diesen Monaten auf die Berge. In Nepal, Sikkim und Bhutan gibt es für Bergsteiger eine Vormonsunsaison (März, April, Mai) und eine Nachmonsunsaison (September, Oktober). Im Winter (Dezember, Januar, Februar) ist das Wetter meist schön, aber der stürmische Nordwest (Jetstream) aus Tibet macht das Bergsteigen zur fast unerträglichen Hölle.

Nepal

war bis 1950 für den Tourismus gesperrt. Die ersten Expeditionen schlugen sich deshalb über Indien durch Tibet zum Mount Everest durch. Andere kamen von Westen, wieder über Indien bis in das Herz des Karakorum. Seit Nepal für Bergsteiger offen ist, hat es gelernt, das touristische Potential auszubeuten, das dem Land mehr Devisen bringt als alle anderen Einnahmequellen. So ist der Mount Everest für Bergsteiger bis zur Mitte der neunziger Jahre ausgebucht.

Organisiert

werden im Himalaya und Karakorum jetzt jährlich etwa 200 »Expeditionen«. Die Gruppen kommen vor allem aus den Industrieländern. Die Einheimischen machen nur als Helfer und gegen Bezahlung mit, ein Beweis dafür, daß das Bergsteigen eine Dekadenzerscheinung hochindustrialisierter Völker ist. Wer seine Grundbedürfnisse zu befriedigen hat, steigt nicht auf die Berge. Solange Expeditionen sich selber finanzieren, ist alles in Ordnung. Wenn Länder, Parteien oder Politiker zusteuern, werden sie mir suspekt. Bergsteigen ist Selbstzweck und nicht geeignet, den Stolz einer Gruppe oder eines Volkes zu heben.

Quälerei

gehört zum Bergsteigen. Aber deshalb sind wir noch lange keine Masochisten. Als ich bei einer Pressekonferenz zur Ankündigung der Besteigung des Mount Everest ohne Sauerstoffmasken erklärte, dieser Versuch sei eine großartige Spielmöglichkeit, stellte unser Expeditionsarzt, Oswald Oelz, einer der erfahrensten Höhenmediziner, lakonisch fest, Spiel ja, aber Spiel der Leiden. Er hatte recht.

Rollenverteilung

ist beim Bergsteigen selbstverständlich, nicht nur zwischen den Sherpas und den Sahibs, sondern auch innerhalb der Mannschaft. Der erfahrenste Bergsteiger führt. Selbsternannte Expeditionsleiter, die nichts können, außer schnorren und organisieren, werden von jungen Alpinisten nur noch selten als Kopf eines Unternehmens anerkannt.

Sherpa Ang Dorje

stieg zweimal ohne Sauerstoffmaske auf den Mount Everest. Beim dritten Versuch kam er um. Die Sherpas sind ein kleiner Stamm aus der tibetischen Provinz Kham, der sich im Südwesten des Mount Everest niedergelassen hat. Vor etwa 500 Jahren haben sie ihre Heimat verlassen, und heute zählen die fähigsten jungen Männer unter ihnen zu den besten Hochträgern der Welt. Die meisten Expeditionen wären ohne Sherpahilfe kläglich gescheitert. Trotzdem ziehen es die Sherpas mittlerweise vor, als Trekking-Führer zu arbeiten – zu viele sind bei Expeditionen schon umgekommen.

Trekking

umschließt heute das tagelange Wandern am Fuße der großen Berge, das »abenteuerliche« Leben mit den Einheimischen, das wochenlange Gehen über alte Handelspfade. Im Gegensatz zum Expeditionspermit, das oft Jahre im voraus beantragt werden muß, kann das Trekkingpermit an Ort und Stelle, von heute auf morgen gegeben werden. Warum trotzdem die meisten Trekker in organisierten Haufen reisen, wird mir für immer ein Rätsel bleiben. Der Mensch ist doch kein Herdentier. Dachte ich.

Unwetter

sind manchmal tödlich. Nach dem Gipfelgang am Kangchenjunga kam ich mit Friedl Mutschlechner und Sherpa Ang Dorje in 8000 Meter Höhe in den Jetstream, den Nordweststurm, der mit über 100 Kilometern pro Stunde vom tibetischen Hochland herüberfegte. Unsere Zelte zerrissen, nur mit Mühe und viel Glück entgingen wir dem Tod. Stürme und Schneetreiben sind hier an der Tagesordnung, Gewitter mit Blitz und Donner hingegen selten.

Versuchung

Der Himalaya bietet dem Bergsteiger alle Versuchungen: die höchsten Gipfel und die steilsten Wände, nun auch im Alleingang oder als Winterbesteigung. Aber viele der schwierigsten Wände sind noch unbezwungen – Lhotse-Süd, Makalu-West, K2-Magic Line –, einige der größten Spielmöglichkeiten nicht ausgeschöpft. Ob diese Art der Bergsteigerei eine Zukunft hat, hängt von der Phantasie der Menschen ab. Alle großen Abenteuer fangen im Kopf an.

Wie

man eine Gipfelbesteigung beweist? Ganz einfach: indem man hinaufsteigt und dann dort oben einige Fotos macht. Bei Nebel kann man irgend etwas oben lassen und warten, bis es der nächste findet und herunterbringt. Vorteil dieser Methode: Damit ist auch die nächste Gipfelbesteigung bewiesen.

Xi

ist ein Stein, von dem die Tibeter sagen, er sei vom Himmel gefallen. Er soll die Gesundheit anzeigen und Glück bringen. Seit ich das weiß, trage ich einen Xi. Besonders beim Himalaya-Bergsteigen. Nicht, weil ich abergläubisch bin, sondern weil die Tibeter wissen, wie sie sich in dieser Urwelt schützen können.

Yak und Yeti

heißt das berühmteste Restaurant in Kathmandu. Der Yak ist der tibetische Grunzochse, ein langzotteliges, genügsames Rind, das Milch, Wolle und Fleisch liefert. Er wird als Tragtier eingesetzt und kann – über Eisbrüche kletternd – die höchsten Himalayapässe überschreiten. Oft habe ich unsere Expeditionslasten mit Yaks ins Basislager transportieren lassen. Der Yeti ist eine Art Fabelwesen, das in vielen Himalaya-Geschichten vorkommt. Trotz dreißig Himalaya-Reisen ist er mir nie zu Gesicht gekommen.

Zipfelmützen

tragen Bergsteiger mit Vorliebe, zumindest unter dem Steinschlaghelm. Ich finde Zipfelmützen albern. Also ließ ich für meine letzte Achttausender-Expedition eine eigene Kopfbedeckung schneidern. Eine Art Fliegermütze, außen weiß – zur Reflektierung der Sonnenstrahlen –, innen ein Kunstfell, um den Mund schließbar. Sie war warm, vereiste aber in der Höhe und verengte mein Gesichtsfeld. Also doch nicht das Ideale. Ich griff auf die herkömmliche Zipfelmütze zurück. Doch vor dem Aufstieg zum Gipfel schnitt ich den Zipfel ab; ein unnützes, überflüssiges Gewicht. □

IMPRESSUM

MERIAN – das Monatsheft der Städte und Landschaften

Herausgeber: Dr. Will Keller

Chefredakteur: Ferdinand Ranft

Stellvertretende Chefredakteure: Emanuel Eckardt (verantwortlich für den Textteil) Max Scheler (verantwortlich für den Bildteil)

Geschäftsführende Redakteurin: Dr. Barbara Beuys

Redakteure: Gabriele Oettgen Tibor M. Ridegh Sonja Sayed Ahmed Helga Thiessen Hans Markus Thomsen

Bildredaktion: Hanni Rapp

Dokumentation: Reinhard Hoheisel-Huxmann Dr. Franklin Kopitzsch

Layout: Erika Schmied (Leitung) Sabine Lehmann

Herstellung: Wolfgang Schöpel

Anzeigenleitung: Michael Witke

Anzeigenstruktur: Bernd Knospe

MERIAN-Leser-Service: Irmgard Struve

MERIAN erscheint monatlich im Hoffmann und Campe Verlag, Harvestehuder Weg 45 · 2000 Hamburg 13 · Tel. 44 18 88-1 · Telefax: 44 18 83 10 · Tel. Leserservice: 27 70 · FS 02 14259 · Anzeigen-Abteilung: Poßmoorweg 1, 2000 Hamburg 60, Tel. 27 17-0, FS 02 13214 Zur Zeit gültige Anzeigenpreisliste Nr. 28 · Das vorliegende Heft ist das 1989 veränderte Nummer des 38. Jahrgangs · Diese Zeitschrift und alle in ihr enthaltenen einzelnen Beiträge und Abbildungen sind urheberrechtlich geschützt. Jede Verwertung außerhalb der engen Grenzen des Urheberrechtsgesetzes bedarf der Zustimmung des Verlages · Keine Haftung für unverlangt eingesandte Manuskripte und Fotos · Bezug über den Buch- und Zeitschriftenhandel, die Postanstalten und den Verlag, der auch Liefermöglichkeiten im europäischen Ausland und in Übersee nachweist · Preis im Abonnement monatlich 9,40 DM, zuzüglich 1,50 DM Versandkosten bei Zustellung frei Haus · Der Bezugspreis enthält 7 Prozent Mehrwertsteuer · Kündigungen sechs Wochen zum Ende des Bezugsquartals · Postgirokonto Hamburg 299453-202 (BLZ 200 100 00) · Vereins- und Westbank AG, Hamburg, Konto-Nr. 2/16739 (BLZ 200 300 00)· Führen in Lesemappen nur mit Genehmigung des Verlages · Printed in Germany · Gesamtherstellung: U. E. Sebald Druck und Verlag GmbH, Nürnberg □

Von Zedern umgeben, schmiegt
sich Kloster Taktsang, Tigernest genannt,
in 2800 Meter Höhe an die steile
Felswand. Das »Tigernest« ist einer der
heiligsten Orte Bhutans

IM EINKLANG

Bogenschießen:
Die Konzentration des Schützen ist
auch eine Art der Meditation

Im Norden des indischen Subkontinents, an den Südhängen des östlichen Himalaya, liegt das Königreich Bhutan, ein Land, das im politischen Spannungsfeld zwischen Indien und China ein großes geistiges Erbe bewahrt: die ganzheitliche Kultur des tibetischen Buddhismus. Auch im unvermeidlichen Modernisierungsprozeß gelang es, dieses Erbe der Vorfahren zu bewahren. Die Bhutanesen leben im Einklang mit dem Universum, in der *unio mystica* von Welt und Umwelt. Ihre religiösen Kulte, ihre geheimen Riten und Zeremonien offenbaren, was wir verloren haben: die Fähigkeit zur Kommunikation mit dem Bereich des Jenseitigen, zur »Großen Erfahrung« der Transzendenz durch Meditation.

Die Begegnung mit dem Heiligen, die reflektiert wird durch eine esoterische Philosophie, eine nur schwer deutbare Kunst, durch magische Bräuche, durch die Musik, den sakralen Tanz und das heilige Wort, ist tägliche Übung der Mönche in der rotbraunen Toga der Entsagung. Sie verkünden die Botschaft des Buddha, der sich Bhutan im siebten Jahrhundert verschrieben hat. Was Buddha lehrte, ist eine doppelte Herausforderung: eine Verheißung vom Ende des Leidens, von Erleuchtung und Erlösung im Nirvana, von höchster Glückseligkeit und zugleich ein Appell an die Vernunft, die Toleranz und den Willen zum Frieden.

Ihrer Religiosität verdanken die Bhutanesen eine ungebrochene kulturelle Identität, die sich dem Besucher als Harmonie mitteilt: Landschaft und Menschen, Architektur, bildende und darstellende Kunst, Sitten und Gebräuche, Religion und Riten bilden eine unverkennbare Einheit.

Das Königreich, das von China und Indien umgrenzt wird, ist von faszinierender Schönheit. Die Landschaften wechseln wie Bilder in einem Kaleidoskop. Sie variieren zwischen subtropischer Fülle im Süden, fruchtbarer Tälern mit ansteigenden Reisterrassen und reißenden Strömen, Hochwäldern und der Region des ewigen Schnees, dem Himalaya, der ge-

MIT DEM UNIVERSUM
Gisela Bonn über das Königreich Bhutan, wo die Harmonie von
Landschaft und Menschen, Religion und Kultur ungebrochen ist

Wochenmarkt in Thimphu:
Die Bauern kommen aus der
Umgebung und bieten
ihre Waren an. Bhutans Sinn

für Ordnung und Über-
schaubarkeit erinnert an die
Schweiz – sogar in der
Architektur gibt es Parallelen

waltigen Götterburg, an der sich immer wieder Glaube und Aberglaube, Mythos und Legende, Phantasie und Furcht der Menschen entzündet haben. Jahrhundertelang lag das Himalayareich, das die Bhutanesen selbst Druk Yul – Drachenland – nennen, im Schatten der Geschichte. Für die Engländer war es einst Protektorat und Pufferstaat zwischen Tibet und ihrer Kronkolonie Indien. Hermetisch verschlossen sie die Grenzen Bhutans.

1950 rückten die Chinesen in Tibet ein und bedrohten die Grenzen im Süden. Sie sprachen von den indischen Himalaya-Regionen, von Ladakh und Arunachal Pradesh, das damals noch den Namen aus der englischen Kolonialzeit, *Nefa,* (North East Frontier Agency) trug, und von Nepal, Sikkim und Bhutan als den fünf Fingern an ihrer tibetischen Hand.

1959 revoltierten die Tibeter. Ihr Priesterkönig, der Dalai Lama, floh vor den Chinesen über die Berge nach Indien. Das war ein schwerer Schock für die Buddhisten von Bhutan. Zwar ist ihre höchste religiöse Autorität nicht der exilierte Herrscher aus Lhasa, sie haben im Je Khempo, dem Führer der bhutanesischen Drukpa-Kagypa ihren eigenen »Papst«. Doch ehren sie im Priesterkönig aus Tibet die Wiedergeburt des großen Bodhisattva Avalokiteshvara, des »Herrn, der gnädig herabblickt«.

Die Bhutanesen solidarisierten sich wortlos mit dem Schicksal ihrer tibetischen Brüder. Dreitausend Flüchtlinge vom »Dach der Welt« fanden in Bhutan Zuflucht.

Die Inder, die nach Erlangung der Unabhängigkeit das Erbe Englands in Bhutan antraten, hatten 1949 den 1910 geschlossenen britisch-bhutanesischen Protektoratsvertrag in das indisch-bhutanesische Freundschaftsabkommen umgewandelt. Es verpflichtete Bhutan zu gemeinsamer Außenpolitik, genauer gesagt, zur Konsultation in außenpolitischen Fragen, nicht aber zu gemeinsamer Verteidigung.

1962 geriet Bhutan durch den chinesischen Angriff auf die indischen Himalaya-Gebiete unmittelbar in Gefahr. Seit dieser Zeit gibt der Staat die Hälfte seines Budgets für Verteidigung aus. Die Bewohner des »Drachenlandes« sind keine Illusionisten. Sie verlassen sich nicht allein auf die Überzeugungskraft der buddhistischen Friedensidee. Schon seit Mitte der fünfziger Jahre bauten sie die Royal Bhutanese Army auf, ein Berufsheer von 10000 Mann, dessen Oberbefehlshaber der König ist.

König Jigme Dorji Wangchuck, bis 1972 auch Regierungs-chef, bemühte sich um Neutralität zwischen den beiden großen asiatischen Mächten, zwischen China und Indien, und wünschte nicht, daß darüber viel gesprochen wurde. Es war ihm lieber, daß Besucher, welche die Lage des Landes laut analysieren würden, gar nicht erst kamen. Jigme Singye Wangchuck, der Sohn und Nachfolger Jigme Dorjis, steht vor den gleichen Problemen, aber er hat andere Wege als sein Vater eingeschlagen. 1974 öffnete er das Land für einen beschränkten Tourismus.

Natürliche Hindernisse für Besucher gibt es seit 1962 nicht mehr. Damals rollte das erste Auto in der Geschichte Bhutans über die soeben eröffnete Hochstraße, die von den Indern unter gigantischen Anstrengungen durch Dschungel und über steile Berge gebaut worden war. Vorher mußte man sich auf einem Maultier in einem zehntägigen Ritt mühsam seinen Weg in die bhutanesische Hauptstadt Thimphu bahnen. Heute erreicht der Tourist sie in einem Jeep in sechs bis sieben Stunden, durch scharfe Kurven und an steilen Abgründen vorbei.

Mit der Fahrt von der Grenze beginnt das Abenteuer Bhutan, der Zauber eines Landes, von dem die Welt in Wahrheit nichts weiß. Einer der wenigen, die es vor 1974 bereisen durften, war Paul Grimes von der New York Times. Der nüchterne Amerikaner schrieb begeistert, Bhutan sei »Shangri-La«, das verloren geglaubte Paradies, ein Land, das die Geheimnisse ewiger Jugend und unveränderlicher Schönheit bewahrt habe.

Die hermetische Abgeschlossenheit des Landes ist nicht nur mit den nördlichen Barrieren aus Eis und Schnee und mit dem bis in die jüngste Zeit fast undurchdringlichen Dschungel im Süden zu erklären. Was Erforschung und Eroberung ebenso erschwerten, sind die über 4000 Meter ansteigenden Nord-Süd-Ketten, die sich vom Himalaya durch das ganze Land bis in die indische Ebene ziehen. Selbst in diesen Höhen wachsen noch Kiefern und Korkeichen mit knorrigen Stämmen und bizarren Wurzeln, mit langen Flechten, die an den Zweigen hängen und wie Bärte im Winde wehen. Wer hier wandert, versteht, warum viele Märchen und Legenden entstanden, unzählige Geschichten von Gnomen, Geistern und Dämonen. Zwischen die Berge haben reißende Ströme tiefe Täler eingeschnitten. An strategisch wichtigen Punkten, zumeist auf

Im Tashi Zhho Dzong
arbeiten 3000 Menschen.
Er ist der Sitz des
bhutanesischen Königs,

der Regierung und hoher
Lamas. Die 400 Mönche,
die hier wohnen, leben nach
strengen Klosterregeln

einer Anhöhe oder an Flüssen, die wichtige Handelsstraßen begleiten, wurden seit dem 12. Jahrhundert Dzongs gebaut, Klosterburgen, Sitze weltlicher und geistlicher Macht. Die Dzongs gehören zu den Leitmotiven des Landes. Gab es Krieg, suchte die Bevölkerung eines ganzen Tals Schutz in der Klosterburg. Die Geschichte Bhutans ist vom 12. bis ins 20. Jahrhundert eine Geschichte der Dzongs und ihrer Fürsten, der *penlops*. Das Leben dieser Burgherren war auf die Berge und ihr Tal ausgerichtet. Das Tal war das Erbe der Väter, ihr »Vaterland«, über dessen Eigenständigkeit sie eifersüchtig wachten. Aber nur wenige Fürsten begnügten sich mit dem, was sie besaßen. Immer wieder zogen die Penlops mit ihren Soldaten über die Berge, um ihren Machtbereich auf die Nachbartäler auszudehnen.

Mit Padmasambhava, dem großen Lehrer und Tantriker aus Indien, der in Tibet missioniert hatte, kam im 9. Jahrhundert der Lamaismus, eine Spielart des Mahayana-Buddhismus, des »Großen Fahrzeugs«, über den Himalaya nach Bhutan. Wie Buddha setzte Padmasambhava die Erkenntnis über den Glauben, die Vernunft über die Leidenschaft, die Toleranz und den Frieden über alle Gewalt. Aber gleichzeitig war er Anhänger magischer Zauberpraktiken. Unter Padmasambhava vermischte sich die Lehre des Himalayaprinzen Siddhartha Gautama Buddha mit den alten Göttern, Geistern und Dämonen aus der eingeborenen Bon-Religion und wurde zur Lehre der Lamas, der Mönche.

Aus Tibet kam 800 Jahre nach Padmasambhava jener Eroberer, der als der erste Reichsgründer in Bhutan verehrt wird: der Tibeter Shabdung Ngawang Namgyal. Er war ein Lama, Oberhaupt des tibetischen Klosters vom »Donnerdrachen«. Nach ihm nannte er das eroberte Bhutan Druk Yul, das Drachenreich. Unter Shabdung Ngawang Namgyal erreichte der Dzong-Bau seine volle Blüte. Die meisten Dzongs entstanden; er hat Bhutan zum Land der Burgen gemacht. Wer wissen will, was Ausdruck repräsentativer Macht ist, sollte einen der Dzongs besuchen – zum Beispiel Paro, Simtocka Thimphu, Punakha, Tongsa, Byakar oder Tashigang.

In Punakha wurden alle Könige der Wangchuck-Dynastie gekrönt. Dieser Dzong war immer ein Symbol der Freiheit, aber auch des kriegerischen Geistes der Bhutanesen. Aus Punakha zogen die Armeen der Feudalherren, um Tibeter, Mongolen, Chinesen und Engländer herauszufordern. Stolz erhebt sich der siebenstöckige Turm im Zentrum der Kloster-

burg. Von seiner Spitze sieht man auf die vierstöckigen Gebäude, auf offene und überdachte Galerien, auf weite Innenhöfe und 36 Kapellen – beherrscht von gigantischen Buddhas und von den goldenen und bronzenen Abbildern des großen Lamas des Klosters. Sie alle waren Reinkarnierte, Wiedergeburten des großen Bodhisattva Avalokiteshvara, den die Himalayabewohner als den »Barmherzigen« anbeten.

Hier stehen glänzende Gottheiten neben furchterregenden, schweigenden Dämonen und grell bemalten Idolen – Abbilder böser Götter und rachsüchtiger Geister, Ausdruck der uralten Bon-Religion, die sich dem Mahayana-Buddhismus des Himalaya, dem Lamaismus, verschwistert hat. In sieben weiten Versammlungshallen werden böse Träume, Zeichen der dunklen Kräfte im Menschen, in Bildern und Statuen festgehalten. Sie offenbaren die Vorstellungswelt der Bhutanesen und die Erfahrung des Tantrikers: die Überwindung der menschlichen Dualität in der Vereinigung der Geschlechter, die *mahasukha*, »höchste Glückseligkeit«, bedeutet.

Die Klosterburgen Bhutans sind Brennpunkte des sozialen, des religiösen und politischen Lebens geblieben. Überall flattern Gebetsfahnen auf dem Weg zu Gipfeln und Klöstern. Die Klosterkünstler haben sie mit der heiligen Anrufung des Lamaismus, mit dem mystischen Mantra: »Om Mani Padme Hum« bedruckt. »O, du Kleinod im Lotos« – »Du Buddha im Herzen der Menschen.«

Wo Gebetsmauern stehen, sind die Wohnungen der Mönche nicht weit. Gläubige haben die Steine mit der eingravierten Anrufung des Buddha gestiftet. Wer hier wandert, ringt um Erlösung. Mit der rechten Seite zur heiligen Mauer, wie das Gesetz es vorschreibt, beginnen die Mönche jeden Morgen ihren traditionellen Rundgang mit dem Zitieren der heiligen Mantras. Die Worte werden auf den Wellen des Windes ins Universum getragen, zu den Bodhisattvas, die an der Schwelle des Nirvana zurückkehren, um allen Menschen Erleuchtung zu bringen, ehe sie für sich selbst Erlösung suchen. Dankbar bringen die Gläubigen den Abbildern in den Kapellen ihre Gaben – Butterlampen, Räucherkerzen und Blumen. In den Tschorten, den Schreinen zum Gedenken Buddhas, drehen sich die kupfernen Gebetstrommeln. Sie werden angetrieben von der Kraft der Gebirgsbäche. Tschorten sind wichtige Markierungen in der bhutanesischen Landschaft. Auch sie weisen den Weg zu den Klöstern. Man weiß nicht, was die Schreine verbergen – wahrscheinlich Relikte des erleuchteten Lehrers aus dem Himalaya, Haare oder einen Zahn des Gautama Buddha.

Die meisten Bewohner Bhutans siedeln im Umkreis der Dzongs. Sie sind heitere, gelassene, sehr selbstsichere Menschen. Sie leben in einer weitgehend egalitären Gesellschaft. Niemand hungert. Es gibt keine Bettler. Ihre Welt ist intakt – kein Objekt für sozialkritische Skeptiker.

Ein wichtiges Element der bhutanesischen Gesellschaft stellen die Lamas und die Bauern dar, die zugleich Handwerker sind. Als Holzschnitzer und Baumeister leisten die Bhutanesen Erstaunliches. Seit Jahrhunderten haben sie sich als hervorragende Architekten erwiesen. Kein eiserner Nagel wird in den reichgeschnitzten Rundfenstern der Klöster, der Dzongs und der Privathäuser verwendet. Alles wird nahtlos von Meisterhand ineinandergefügt. Die Silberschmiedekunst der Bhutanesen ist in Asien berühmt. Sie ziselieren Schwerter für die königliche Familie, für Minister und hohe Würdenträger, die man niemals ohne ein Schwert einen Dzong betreten sieht. Auch der Schmuck, mit dem die Frauen und Mädchen ihre Gewänder schmücken, wird von den Silberschmieden hergestellt, ebenso Becher, Kästchen und kleine kultische Figuren. Bhutanesische Kunsthandwerker malen in der Werkstatt des 1971 eröffneten Emporium für das Handwerk thangkas, religiöse Rollbilder, zu Ehren Buddhas. Sie schnitzen Masken, Möbel, Fenster und Türen. Was früher nur in der Familie geschah, wird heute im Emporium unter fachlicher Anleitung getan: Mädchen weben prächtige Baumwollstoffe. Die Hausweberei hat darunter nicht gelitten. Junge Mädchen werden von ihren Müttern in das uralte Handwerk eingeweiht. Dabei erfahren sie auch etwas über die geheimnisvollen magischen Zeichen, die als Muster in die Stoffe eingewebt werden. Ihr Sinn wird dem Fremden ängstlich verborgen. Nur als Geheimzeichen, so glauben die Bhutanesen, behalten die bunten Farbflecke ihre Magie.

Im Norden und Süden des Landes sind die Häuser einstöckig, in Zentral-Bhutan haben sie zwei bis drei Stockwerke. Unten liegen die Vorratsräume. Eine steile Leiter, aus Holz geschnitzt, führt in den ersten Stock, um die Dämonen und Plagegeister fernzuhalten, die nach Meinung der Bhutanesen nicht klettern können. Der Feuerplatz im großen Wohnraum neben der rauchgeschwärzten Küche ist der Mittelpunkt des Hauses. Hier treffen sich alle, und hier ist das Reich der Frauen, die im Haus und auf den Feldern alleine arbeiten. Der einzige, der neben ihnen eine häusliche Tätigkeit ausübt, ist der Sohn, der nach alter bhutanesischer Familiensitte Lama geworden ist. Er zelebriert zu Ehren Buddhas in der kleinen Hauskapelle. Die Männer drehen Gebetsmühlen und meditieren, wenn sie zu Hause sind. Sonst üben sie ihr Handwerk aus, roden den Wald, begleiten die Handelskarawanen auf ihren schwierigen Wegen oder lassen sich zu militärischen Übungen verpflichten. Wenn sie ein paar freie Minuten haben, greifen sie zu Pfeil und Bogen.

Das Bogenschießen gehört zu den großen Traditionen Asiens. Fast jeder Bhutanese beherrscht es mit Virtuosität. Es ist mehr als Spiel und Sport. In der scharfen Konzentration auf das Ziel offenbart sich eine kaum erlernbare asiatische Kunst: dem Schützen gelingt die Verdichtung des Unbewußten im Bewußten. Das ist die »Große buddhistische Erfahrung«: der Treffende wird zum Getroffenen, der Mensch zu seinem eigenen Ziel. Im Grunde geht es dem Schützen nicht um den Sieg, sondern um die Bestätigung seiner ungeteilten,

aus dem Bewußten und Unbewußten zugleich lebenden Persönlichkeit. Er verwirklicht sich im Augenblick höchster Anspannung, in der Erreichung des anvisierten Ziels.

Zu den magischen Riten, die das Leben bestimmen, gehört der Tanz. Es gibt nichts, was die Bhutanesen nicht in Rhythmen und Bewegungen ausdrücken könnten. Sie tanzen Liebe und Haß, Freude und Schmerz. Sie beschwören Donner und Regen, Götter und Geister. Sie tanzen den Tod, und sie tanzen das Leben. Auf den Götterfesten tanzen sie den Zauberzirkel des mandala, den Kreis, in dem die Gottheit beschworen, herbeigerufen, verehrt und dargestellt wird. Sie tanzen die Zeit. Ihr Raum ist das Universum.

Im Augenblick tänzerischer Ekstase werden Raum und Zeit aufgehoben. Der getanzte Lebenskreis wird durchbrochen und ein Zustand erreicht, wo es weder Sein noch Nichtsein und auch keinen Zustand dazwischen gibt, sondern nur das Unvorstellbare, die höchste Erleuchtung: Nirvana.

Erleuchtung ist auch das Ziel aller Geheimriten des Tantrik-Lama. In ihm erkennen die Bhutanesen den mächtigen Zauberer, der sie vom Grauen, von bösen Geistern befreien kann. Er versteht sich auf unerklärbare Kulte. Er hat die Tantras, die geheimen Schriften der Tantriker, studiert und beherrscht die Mantras, die heiligen, mit magischer Kraft aufgeladenen Formeln. Als eingeweihter Meister des Okkulten versteht er, sie anzuwenden und die Gläubigen mit spektakulären Gesten, mit dem Schwingen der wichtigsten Ritualgegenstände, Vajra und Glocke, von der Macht der Magie zu überzeugen. Von der Geburt bis zum Tod wird das Leben der Bhutanesen von den Zeremonien der Lamas begleitet. Wo immer ein Fest stattfindet, ein Ereignis sich ankündigt, eine Hochzeit gefeiert oder ein Toter verbrannt wird, wo die Götter nach dem Glauben der Menschen Opfer verlangen oder eine Gefahr durch Dämonen und böse Geister droht, erscheinen die Mönche zu ihren großen Reinigungszeremonien.

Es gibt noch etwa 4000 bis 5000 Mönche im Land. Noch vor wenigen Jahren waren es 15 000. Der Andrang zum Kloster ließ nach, als die Zuschüsse aus der Staatskasse von 25 auf fünf Prozent des Staatsbudgets gesenkt wurden. Dennoch sind die Mönche ein dominierender Faktor geblieben. Bis heute ist ihre jahrhundertealte Autorität unerschüttert.

Neben den Mönchen ist der junge König Jigme Singye Wangchuck die wichtigste Bezugsperson der Bhutanesen. Er gehört zu einer Generation junger asiatischer Intellektueller, die zwischen zwei Zeitaltern groß geworden ist. Im Zeitraffertempo mußten sie die Entwicklung von Jahrhunderten nachholen. Sie alle, die Dorjis, Wangchucks, Thinleys, Penjors und Tserings, mußten ihre ganze Kraft und Intelligenz einsetzen, um ihre durch Generationen gesicherte und unzerstörte Welt in Einklang zu bringen mit einem neuen Zeitalter, das nach revolutionären Umbrüchen drängte. Fast alle haben ihre Aufgabe mit erstaunlicher Selbstsicherheit erfüllt.

Der junge König verpflichtete sich, im Spannungsfeld zwischen Indien und China Bhutans Identität zu bewahren. Seine stärksten Verbündeten findet er bei den Mönchen und unter den jungen Bhutanesen, die, durch das 20. Jahrhundert herausgefordert, eine Synthese zwischen Moderne und Tradition erreichen wollen. Sie sehen im Buddhismus keine Barriere, sondern eine Brücke zwischen Indien und China, ein Instrument der Versöhnung. Bhutan jedenfalls identifiziert sich bis heute mit dem Ethos dieser zweitausendjährigen Tradition, mit der Lehre der Mönche, die nicht an Gott, aber an Erkenntnis und Einsicht, an den Fortschritt der Menschen, die Toleranz und die Friedenssehnsucht der Völker und an ihre Einbettung in ein universales Geschehen glauben. □

Das höchste Gebirge der Welt ist nur die höchste sichtbare Spitze eines gewaltigen Massivs, dessen Wurzeln 75 Kilometer und mehr tief in die Erde hinabreichen

KOLLISION DER KONTINENTE

Günter Haaf über die Entstehung des Himalaya

Gewöhnlich sind geologische Fachberichte so trocken wie die Wüste Gobi. Auch die Artikel einer chinesisch-französischen Forschergruppe, die nach drei Expeditionen 1980, 1981 und 1982 erstaunliche Ergebnisse über die Entstehung des Himalaya mit nach Hause brachte, strotzen von Ausdrücken wie »Mohorovičič-Diskontinuität«, »Bangong-Nujiang-Ophiolith« oder beschreiben den »amphibolführenden leukokratischen Diorit«. Aber zwischen aller drögen Fachsprache blitzt doch etwas auf von der Faszination, einem der großen Geheimnisse der Erdgeschichte nähergekommen zu sein. Da eröffnet sich plötzlich ein ganz unwissenschaftlicher »spektakulärer Anblick« zwischen all dem geologischen Kauderwelsch, ist von »unerwarteten« Einsichten die Rede, wird eingestanden, daß die bisherigen »einfachen Vorstellungen viel zu einfach« waren.

Die »einfachen Vorstellungen«, wie das höchste Gebirge und das größte Hochland der Erde – Tibet – entstanden sind, bleiben nach diesen Expeditionen nur im Kern korrekt: Der Himalaya ist das Ergebnis der Kollision Indiens mit Asien. *Warum* der Subkontinent den »Unterleib Asiens« rammte, bleibt spekulativ. *Wie* Indien in den letzten siebzig Millionen Jahren rund fünftausend Kilometer weit nach Norden driftete, kann nun dank der geologischen Puzzlearbeit ziemlich genau rekonstruiert werden. *Was* bei dem urgewaltigen Zusammenstoß mit dem Gestein der Erdkruste geschah, das zwischen den Amboß des asiatischen Kontinents und den Hammer der unerbittlich herandrängenden indischen Landmasse geriet (und bis heute nicht zur Ruhe gekommen ist), das läßt sich ebenfalls besser und detaillierter denn je erklären.

So spektakulär der mehr als acht Kilometer hohe Himalaya auch ist: Noch gewaltigere Gesteinsverformungen liegen tief unter dem Gebirgsriegel. Gemessen daran sind Mount Everest, K2 und Nanga Parbat nur die höchsten sichtbaren Spitzen eines »Eisberges« aus Erdkrustengestein, dessen Wur-

zeln 75 Kilometer und mehr tief in die Erde hinabreichen – tiefer als alle anderen kontinentalen Krusten. Solche Extreme sind für Geologen so verlockend wie die höchsten Gipfel für Alpinisten.

Den Verdacht, daß sich über geologische Zeiträume hinweg ganze Kontinente über den Globus verschoben haben, kam Gelehrten schon früh: Zu gut passen zum Beispiel die afrikanische West- und die südamerikanische Ostküste ineinander. Der deutsche Meteorologe und Polarforscher Alfred Wegener postulierte 1911 seine von der Fachwelt zunächst abgelehnte Theorie von der Verschiebung der Kontinente. Wegener verglich die wandernden Kontinente mit Schiffen die durch die dünne ozeanische Erdkruste pflügen.

Im Prinzip erwies sich die Idee von den driftenden Erdteilen als korrekt. Nur der Mechanismus, den Wegener voraussetzte, stimmte nicht. Zwar gibt es einen fundamentalen Unterschied zwischen kontinentaler und ozeanischer Erdkruste: Kontinente bestehen aus leichteren Gesteinen als die Ozeanböden, weshalb sie – ähnlich wie Eisschollen im Wasser – höher aufragen und zugleich tiefer in den darunterliegenden zähflüssigen Erdmantel eintauchen. Aber Wegener konnte damals mangels Fakten nicht wissen, daß die ozeanische Erdkruste und auch der darunterliegende obere Erdmantel extrem fest sind.

Erst Ende der fünfziger Jahre entdeckten Meeresgeologen, daß sich die aus schwerem Basalt bestehende ozeanische Erdkruste entlang der sogenannten mittelozeanischen Rükken ständig neu bildet und sich nach beiden Seiten ausbreitet. Nun wurde klar, daß die Kontinente nur passiv, wie Pakete auf einem Förderband, von den großen Gesteinsströmen des Erdmantels mittransportiert werden. Sie sind offensichtlich »Spielmaterial« von noch nicht ganz erklärbaren Kräften aus dem Erdinneren. Dort, wo sie zerrissen werden, entsteht neuer Ozeanboden, zum Beispiel im Roten Meer. Dort, wo sie mit einer ozeanischen Erdkrustenplatte zusam-

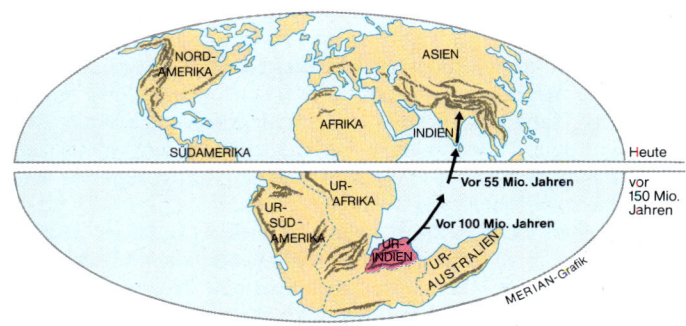

Ein Kontinent wandert nach Norden

Vor 150 Millionen Jahren löste sich ein dicker Brocken (Indien) aus der Landmasse zwischen Südamerika und Australien. Er driftete gen Norden, bis er mit Asien zusammenprallte: An der Nahtstelle der Kontinente schob sich ein Gebirge in die Höhe: der Himalaya

menstoßen, werden sie gestaucht: Es falten sich lange Gebirgsketten auf, in denen Vulkane rauchen, zum Beispiel entlang der Westküste Südamerikas. Dort, wo ein Kontinent mit einem anderen Erdteil zusammenstößt, gibt es eine fast unüberschaubar komplizierte Knautschzone: Die kontinentale Erdkruste ist zu leicht, um (wie die ozeanische Kruste) zurück ins Erdinnere gedrückt zu werden, und sie ist zu weich, um erdgeschichtliche Kollisionen ohne größere Beulen zu

Eine Kette von Vulkanen markierte nach dem Zusammenstoß die frische Naht

überstehen. Als größte dieser Beulen, als Prototyp kontinentaler Kollision erkannte der Geologe Emile Argand schon 1924 Tibet und den Himalaya.

Doch das Musterbeispiel kontinentaler Kollisionen konnte zunächst nur etwa bis zum Hauptkamm des Himalaya erforscht werden. Erst nördlich davon, in Tibet, vermuteten die Forscher die entscheidenden Hinweise zur Rekonstruktion des Geo-Dramas. Aber Tibet und damit auch die Nordabdachung des Himalaya war seit der chinesischen Machtübernahme im Jahr 1950 für alle Ausländer tabu.

Westliche Erdwissenschaftler mußten sich zunächst mit der geologisch wie politisch einfacheren Aufgabe begnügen, im indischen, nepalesischen und pakistanischen Teil des Himalaya Spuren der kontinentalen Kollision zu sichern. Im Indischen Ozean lief ohnehin – wie auf allen Weltmeeren – ein Forschungsprogramm mit dem Ziel, die Driftrichtung und -geschwindigkeit der ozeanischen Erdkruste zu rekonstruieren (und damit auch die der passiv mitgeschleppten Kontinente).

Dabei nutzten die Geologen zwei erdwissenschaftliche Entdeckungen: erstens die Tatsache, daß das Mineral Magnetit in abkühlender Lava (und damit auch in frischer ozeanischer Erdkruste) bei einer Temperatur von 525 Grad Celsius die Richtung des Erdmagnetfeldes gleichsam »einfriert«; zweitens die Erkenntnis, daß sich das irdische Magnetfeld im Lauf der Erdgeschichte immer wieder umpolte, zuletzt vor rund 700 000 Jahren. Im Lauf von Jahrmillionen zeichnete die sich ausbreitende ozeanische Erdkruste, einem Magnetband gleich, die wechselnden Ausrichtungen des Erdmagnetfeldes auf.

Die Magnetdaten vom Meeresgrund wurden mit ähnlichen Messungen auf den Kontinenten, mit Altersbestimmungen der Gesteine und Fossilienfunden kombiniert. Das Ergebnis ist eine Art Trickfilm, der im Zeitraffer zeigt, wie sich die Erdoberfläche in den letzten zweihundert Millionen Jahren verändert hat, wie Kontinente wanderten.

Anfang der siebziger Jahre hatten die Geologen genug Theorie und Fakten zusammen, um den Weg Indiens seit der Trennung vom einstigen Superkontinent »Gondwanaland« über eine lange Phase als Inselkontinent bis zum Rammstoß in den Unterleib Asiens zu rekonstruieren: Die ersten dreißig Millionen Jahre driftete die Landmasse vergleichsweise flott mit einer Geschwindigkeit von rund zehn Zentimetern im Jahr nach Norden. Danach verlangsamte sich das Tempo um die Hälfte – offensichtlich zu dem Zeitpunkt, als sie zum erstenmal mit dem asiatischen Kontinent in Berührung kam.

Auch heute noch bewegt sich Indien relativ zu Asien jährlich fünf Zentimeter nach Norden. Seit dem ersten »Kontakt« summiert sich damit ein Kollisionsweg von zweitausend Kilometern. Aber wo ist diese zweitausend Kilometer lange und

etwa ebenso breite Landoberfläche geblieben? Reicht die Knautschzone des Himalaya und Tibets aus, um den Landverlust von vier Millionen Quadratkilometern – das sind bis heute jährlich zwei bis drei Hektar – zu erklären? Wo blieb die unvorstellbar große Erdkrusten-Gesteinsmasse von hundert Millionen Kubikkilometern?

Bis zum Vorstoß der französisch-chinesischen Expeditionen auf die »tibetische Seite der Kollision« Anfang der achtziger Jahre waren die Geologen auf Spekulationen angewiesen. Favorit war noch immer die Vorstellung Argands aus den zwanziger Jahren: Indien habe sich unter den asiatischen Kontinent geschoben und damit für die Verdoppelung der Krustendicke von 35 auf gute 70 Kilometer sowie auch für das Hochland von Tibet gesorgt (Messungen der Krustendicke sind durch die Auswertung von künstlichen und natürlichen Erdbebenwellen möglich, die unterschiedliche Schichten des Erdkörpers unterschiedlich schnell durchlaufen). Der Himalaya bildete in diesem Szenario die vorderste sichtbare Stoßfront der Kollision.

Doch dieses Bild einer einmaligen Kollision, so das Fazit von fünf Forschungsberichten im Januar 1984, verfaßt von zwanzig chinesischen und fünfzehn französischen Geologen, ist zu einfach. Bei ihren Expeditionen quer durch das »Dach der Welt«, von Nepal im Süden bis zur tibetischen Nordgrenze, fanden die Forscher ein viel komplizierteres Erdkrusten-Mosaik und damit eine wesentlich schwierigere Entstehungsgeschichte Tibets und des Himalaya.

Zwischen dem ur-asiatischen Kontinent und der indischen Landmasse wurden mehrere bisher nicht bekannte kontinentale Bruchstücke verbacken. Schon vor der Kreidezeit, vor mehr als hundertvierzig Millionen Jahren, war ein nun Quantang-Block genannter Kleinkontinent von Süden her an Asien gedrückt worden. Ein weiterer Mini-Erdteil, der (nach der tibetischen Hauptstadt benannte) Lhasa-Block, rückte vor gut hundert Millionen Jahren an den Quantang-Block heran, wobei eine Kette vulkanischer Inseln samt basaltischem Meeresboden zwischen den beiden kollidierenden Blöcken eingequetscht wurde – eine ungewöhnliche Gesteinsformation, die sich von Osten nach Westen quer durch Zentraltibet zieht und nun den Namen Bangong-Nujiang-Ophiolith trägt. Eine ähnliche geologische Nahtstelle zwischen zwei Kontinentalblöcken verläuft etwa zweihundert bis dreihundert Kilometer weiter südlich im Tal des Tsangpo,

Wenn sich das Gestein verhakt, wächst der Druck: Ein Erdbeben ist nicht mehr fern

wie der tibetische Oberlauf des Brahmaputra heißt: Diese im Fachjargon Indus-Tsangpo-Sutur genannte Nahtstelle markiert die Grenze zwischen dem Lhasa-Block und dem vor rund vierzig Millionen Jahren angedockten indischen Subkontinent. Möglicherweise wurde auch bei dieser Kollision ein vulkanischer Inselbogen mit zu den auffälligen Ophiolith-Gesteinen verbacken. Mit Sicherheit markierte damals eine Kette von Vulkanen die frische Naht. Das große Indus-Tsangpo-Längstal ist also mehr als nur eine Senke zwischen dem Transhimalaya im Norden und dem tibetischen Himalaya im Süden. Es bildet – geologisch gesehen – eine Grenze zwischen zwei Welten.

Zwischen dem Amboß Asien und dem Hammer Indien wurde eine rund zweitausend Kilometer lange Erdkrustenregion auf die Hälfte zusammengestaucht. Nur ein kleinerer Teil des Gesteins faltete sich dabei zu den riesigen Runzeln

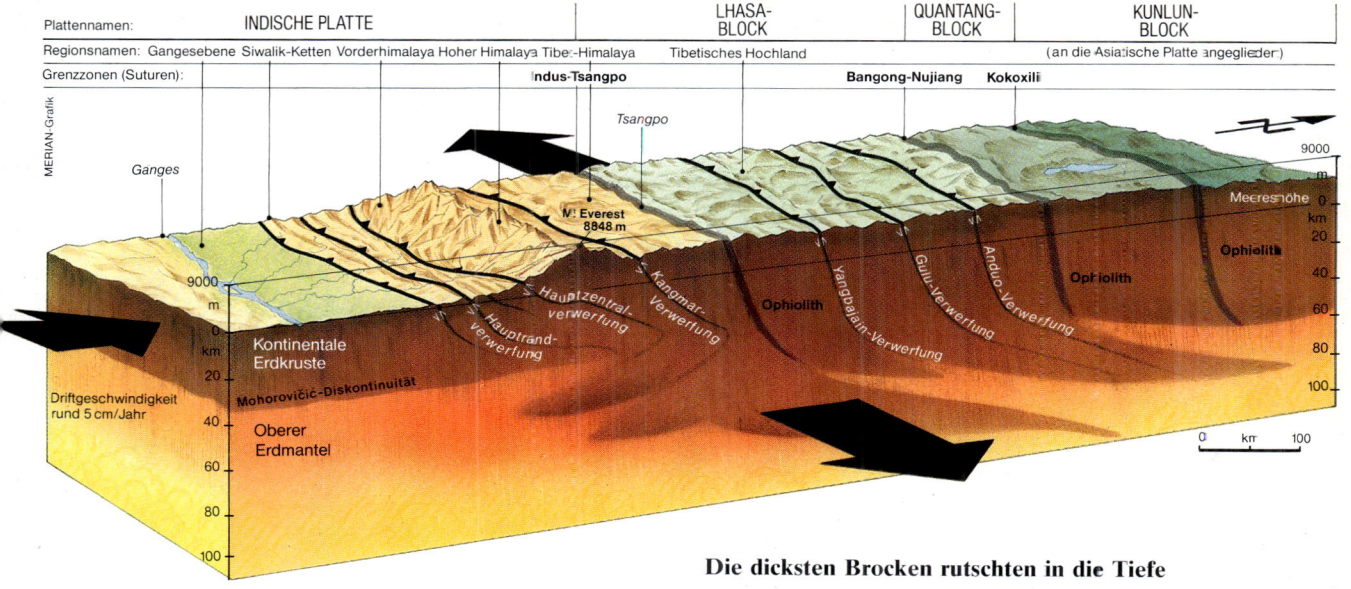

MERIAN-Grafik

Plattennamen:	INDISCHE PLATTE					LHASA-BLOCK	QUANTANG-BLOCK	KUNLUN-BLOCK
Regionsnamen:	Gangesebene	Siwalik-Ketten	Vorderhimalaya	Hoher Himalaya	Tibet-Himalaya	Tibetisches Hochland		(an die Asiatische Platte angegliedert)
Grenzzonen (Suturen):				Indus-Tsangpo		Bangong-Nujiang	Kokoxili	

Tsangpo

Ganges

Mt. Everest
8848 m

Hauptzentralverwerfung

Kangmar-Verwerfung

Hauptrandverwerfung

Yangbajain-Verwerfung

Gulu-Verwerfung

Anduo-Verwerfung

Ophiolith

Ophiolith

Ophiolith

Ophiolith

9000
m

Meereshöhe

km
20
40
60
80
100

9000
m
0
km
20
40
60
80
100

Kontinentale
Erdkruste

Mohorovičić-Diskontinuität

Oberer
Erdmantel

Driftgeschwindigkeit
rund 5 cm/Jahr

0   km   100

Die dicksten Brocken rutschten in die Tiefe

Neuere Expeditionen nach Tibet beweisen, daß die Entstehung des Himalaya sehr viel komplizierter ist, als bisher angenommen. Beim Zusammenstoß von Asiatischer Platte und Indischer Platte verschoben sich auch bisher unbekannte Blöcke (Lhasa, Quantang, Kunlun). Der Himalaya wuchs nicht nur in die Höhe. Die Gesteinsmassen wurden vor allem in die Tiefe weggequetscht

des Himalaya auf: Die gewaltigen Gebirgsketten sind nur bescheidene Oberflächenwellen, gemessen an den kolossalen Erdkrusten-Bruchstücken in der Tiefe.

Der indische Kontinent schiebt sich keineswegs *en bloc* unter Tibet (das seinerseits ein Mosaik aus unterschiedlichen Erdkrusten-Bruchstücken ist). Vielmehr zersplittert die heranrückende, rund 35 Kilometer mächtige indische Kruste schon unter dem Ganges etwa in ihrer Mitte in eine obere und untere Schicht. Die obere, offenbar sprödere Schicht zerreißt entlang riesiger Verwerfungen in weitere, schuppenartige Gesteinsschollen. Sie tauchen nach Norden, zum Lhasa-Block hin, in die Tiefe, wobei sie gequetscht, gefaltet und durch ungezählte kleinere Verwerfungen zerrissen werden. Im Süden überschieben sich die Schollen, riesigen Dachziegeln gleich. Die Scholle direkt nördlich der Hauptverwerfung ragt am höchsten auf: der Hohe Himalaya.

Allem Anschein nach hat sich die aktive Zone inzwischen um rund hundert Kilometer weiter nach Süden verlagert, näher an die indisch-nepalesische Grenze. Nun wird das Land zwischen dem Ganges-Tiefland und dem Hohen Himalaya angehoben. Keine zwei Millionen Jahre hat es gedauert, bis der Hauptkamm des Himalaya von vielleicht tausend auf nun teilweise mehr als 8000 Höhenmeter angehoben worden ist.

Auch die untere Schicht der indischen Erdkruste schiebt sich schuppenartig übereinander. Nur sind diese »Schuppen« mehrere hundert Kilometer lang und rund zwanzig Kilometer mächtig. In den Seismogrammen, den Aufzeichnungen der künstlichen Erdbebenwellen, die von den chinesisch-französischen Expeditionen ausgelöst worden waren, sind die unterirdischen Erdkrusten-Bruchstücke deutlich zu sehen: Ihre auffällige Grenzschicht zum Erdmantel hin, nach einem serbischen Geologen Mohorovičić-Diskontinuität genannt, markiert nun nicht nur die Untergrenze der Kruste bis zu 100 Kilometer Tiefe, sondern auch die Grenzen der übereinandergeschobenen »Schuppen«. Dort, wo eine

»Schuppe« unter der anderen liegt, zeichnen die Seismogramme zwanzig Kilometer hohe »Klippen« innerhalb der Erdkruste auf – zweieinhalb mal mehr als die sichtbare Aufstauchung des Hohen Himalaya. Ähnlich sieht es unter dem tibetischen Hochland aus.

In den schuppenförmigen ober- und unterirdischen Erdkrustenplatten ist nur ein Teil der »fehlenden« zweitausend Kilometer Festland zusammengestaucht. Der andere Teil wurde (und wird) in Tibet quer zur Hauptdruckrichtung – also nach Osten und Westen – weggequetscht. Dabei gleiten die jeweiligen Erdkrustenblöcke mehr oder minder gleichmäßig entlang riesiger, zumeist in Ost-West-Richtung verlaufender Verwerfungen (sie sind als beinahe unnatürlich gerade Linien auf Satellitenfotos zu sehen). Verhakt sich dabei das Gestein, baut sich ein gewaltiger Druck auf – bis der Fels bricht und verheerende Erdbeben auslöst. Offenbar gehen die katastrophalen Erdstöße zwischen Afghanistan und Korea, zwischen dem Ganges und dem Baikal-See auf den Rammstoß des indischen Subkontinents zurück.

Noch haben die Geologen die Ergebnisse der drei ersten chinesisch-französischen Forschungsreisen nach Tibet nicht vollständig ausgewertet. Weitere gemeinsame Expeditionen sollen Ende der achtziger Jahre Wissenslücken schließen helfen. Eine Antwort auf die ursprüngliche Frage, *warum* die Erdkruste so unaufhaltsam wandert, werden die Forscher auf dem »Dach der Welt« allerdings kaum finden. Die Lösung liegt, wie Geophysiker vermuten, in der Tiefe des Erdkörpers: Dort unten, im zähflüssig-heißen Erdmantel, scheinen großräumige Wärmewirbel – Konvektionsströme – zu strömen. Sie nehmen nebenbei auch die dünne Gesteinshaut des Planeten, unsere Erdkruste, mit auf die Reise über Tausende von Kilometern. Bis es dann, unvermeidlich auf einer Kugeloberfläche, kracht.

Der Himalya ist, so gesehen, nur eine vergängliche Runzel an der Oberfläche des dynamischen Planeten Erde. □

Ein junger Engländer trifft im Kloster She in Ladakh
einen Mönch, der ihn lehrt, den Weg zu sich selber zu finden

Reise ins Innerste des Mandala

Von Andrew Harvey

Am Abend ging ich wieder zum Rinpoche. Ich war voll freudiger Erwartung. Den ganzen Tag hatte ich auf diesen Moment gewartet. Er saß Tee schlürfend auf einer der roten Matten in seinem Zimmer. Er wirkte wach und tatkräftig, nur an einem gelegentlichen Augenreiben merkte ich, daß er müde war.

Er begrüßte und segnete mich. Dann schwieg er und schaute wie so oft auf seine im Schoß gefalteten Hände. Ich betrachtete diese Hände zum ersten Mal genau – es waren große Bauernhände, aber ganz glatt. Sie wirkten wie die Hände eines jungen Mannes, fest, muskulös. Und der Rinpoche ging auf die Siebzig zu. Er trug keine Ringe, kein Amulett, keine Glücksreifen aus Haar, wie man sie bei vielen Yogis sieht. Seine Hände waren so stark und schmucklos wie er selbst. Dann blickte er auf und berührte die Spitze seines zerzausten weißen Barts.

»Haben Sie keine Frage? Sie dürfen alles fragen, was Sie wollen.« Diese Atmosphäre von Ungezwungenheit und Geistesfreiheit, die er offenbar stets um sich verbreitete, gab mir das Gefühl, ihm jede Frage über mich selbst und über ihn stellen zu können. Er war an diesem Abend gar nicht ehrfurchtgebietend, sondern vertraut, geradezu konspiratorisch.

»Sie sagten, glaube ich, bei unserem ersten Gespräch, daß nur ein Vollkommener anderen helfen kann. Wie haben Sie das gemeint?«

»Wenn ein Mensch, der noch voll Zorn und Begierden ist, einem anderen zu ›helfen‹ versucht – was kann diese Hilfe schon wert sein? Sie wird verunreinigt und gefärbt sein, ebenso sehr eine Last wie eine Hilfe. Wenn Sie es ernst meinen mit dem Wunsch, anderen zu helfen, müssen Sie auch mit der Vervollkommnung von Herz und Geist ernst machen. Nur wenn das Herz klar ist, kann es ohne Gier und Habenwollen fühlen; nur wenn der Geist frei von allen falschen Wahrnehmungen ist, kann er das Handeln leiten. Wenn Sie andere wirklich lieben und das Ausmaß und die Tiefe ihres Leidens wahrhaft sehen und im Herzen fühlen, werden Sie sich wünschen, ihnen Kraft und Frieden geben zu können. Aber wenn Sie Kraft und Frieden selbst nicht haben, wie wollen Sie dann geben? Wenn Sie selbst kein Licht haben, wie wollen Sie anderen Licht bringen? Wenn Sie selbst nicht frei vom Leiden sind, wie wollen Sie andere befreien?«

Ich erwiderte: »Aber kann nicht ein Mensch, gerade weil er leidet, anderen helfen? Kann nicht jemand, der in der Welt lebt, den anderen in der Welt Lebenden besser und mit größerem Mitgefühl helfen als jemand, der die Welt überwunden hat?«

»Ein Mensch, der wirklich hilft, ist der Mensch, der in der Welt, aber nicht von der Welt ist, der die Welt liebt, aber nicht an ihr haftet, der in der Welt lebt, aber von ihr nicht geprägt wird. Ein Lotus erhebt sich aus dem Schlamm, nicht wahr? Aber er besteht nicht aus Schlamm und hat keinen Schlamm auf den Blättern oder in seiner Blüte. Ein Lotus wächst im Wasser, erhebt sich aber über das Wasser. Blühte er unter Wasser, so könnte niemand ihn sehen und sich an ihm erfreuen.

Ein Mensch, der leidet, mag Mitgefühl haben, er mag intelligent sein und mitmenschlich empfinden – doch er hat nicht die Kraft, anderen zu helfen. Es genügt nicht, mit anderen zu fühlen oder eine gewisse Weisheit aus den Wechselfällen und Nöten des Lebens zu gewinnen – man muß auch das Leben führen, das nötig ist, um die guten Kräfte zu erlangen, die Heilkräfte, die erschaffene Wesen von der Folter befreien können.

Nur der Vollkommene kann diese Kräfte haben, ohne sie zu mißbrauchen; nur der Vollkommene kann diese Kräfte erlangen, ohne sich selbst zu schaden, und sie anwenden, ohne anderen zu schaden. Es sind keine persönlichen Kräfte; es sind Kräfte, die man zum Wohl aller erlangt. Die Vollkommenheit ihrer Anwendung beruht auf einem tiefen Verstehen der Leere und einem grenzenlosen Mitgefühl für alle Dinge.«

»Aber wenn alle Dinge leer sind, wenn alle Vorstellungen und Begriffe leer sind, ist dann das Mitgefühl nicht genauso leer wie alles andere, ohne jede absolute Bedeutung? Und wenn man angesichts einer so nihilistischen Philosophie wie des Buddhismus sagt: ›Habe Mitgefühl‹, ist das nicht bloße Sentimentalität?«

Der Rinpoche lachte. »Ich sehe, Sie haben viel gelesen. Sie haben viele Worte. Ich spreche hier aber nicht nur von der Vervollkommnung des Verstandes,

Während das Trommeln an Intensität zunahm,
löste sich mein Bewußtsein langsam von meinem Körper

des rücksichtslosen, nihilistischen Intellekts. Dessen Vervollkommnung ist zwar auch wichtig, darf aber nicht auf Kosten der Vervollkommnung von Herz und Liebe gehen. Wir Tibeter glauben, daß das eine nicht ohne das andere existieren kann, daß sie auf geheimnisvolle Weise verbunden sind. Haben Sie noch keine Bilder oder Statuen der Vereinigung des Buddha mit seiner Shakti gesehen? In Lamayuru gibt es sehr schöne Darstellungen dieser Art. Sie bringen die Vereinigung aller verschiedenen Vollkommenheiten zum Ausdruck, die Einheit von Gewahrsein und Erkenntnis, von Bewußtsein und Mitgefühl, eine ekstatische Einheit, die Einheit aller Gegensätze und Paradoxa, die ein Mysterium tiefster und unvergänglicher Freude ist.

Wenn ich bei der Zeremonie, die Sie jeden Tag sehen, die Glocke und den Vajra aufnehme, bringe ich dasselbe zum Ausdruck, die Einheit von Verstand und Geist, von Wissen und Mitgefühl. Wenn ich mit der einen Hand die Glocke anschlage, halte ich in der anderen den stummen Vajra. Das Klingen der Glocke wurzelt im Schweigen des Vajra; das Schweigen des Vajra tönt im Klingen der Glocke wider. Weisheit wurzelt im Mitgefühl; Mitgefühl gewinnt Fülle und Tatkraft durch Weisheit.

Milarepa sagte: ›Die Leere sehend, habe Mitgefühl.‹ Die echte Erfahrung der Leere, *sunyata,* ist zugleich eine Erfahrung des Mitgefühls, der Liebe. Und das tiefste Mitgefühl ist, wie Nagarjuna sagt, das, welches ›grundlos‹ ist – weil der Geist alle Begründungen und philosophischen Rechtfertigungen durchschaut und abgelegt hat –, das aber einfach da ist, einfach und ganz, wie ein Pferd existiert oder ein Krug oder dieser Kessel hier oder draußen der Nachthimmel. Dies ist das Mitgefühl oder Erbarmen der Buddhas, und es ist das Ziel aller Weisheit und das Fundament wahrer Macht. Durch die Worte können Sie nur einen flüchtigen Einblick erhaschen; um in dieses Mitfühlen einzutreten, müssen Sie darüber meditieren, müssen Sie lernen, es zu werden.«

Während er sprach, führten seine Hände die Gesten des Rituals, die heiligen Mudras aus. Eine der Kerzen war ausgegangen, Nawang zündete sie wieder an. Die Flamme flackerte eine Weile unentschlossen, bevor sie dann wieder klar und stetig brannte.

Es war Zeit, den Rinpoche allein zu lassen...

Bei meinem nächsten Besuch saß der Rinpoche in einem großen leeren Raum, umgeben von Sonnenblumen und Tulpen aus dem Garten. Vor ihm stand ein kleiner roter Lacktisch, auf dem die Ritualobjekte lagen – eine Glocke, ein Vajra und seine große alte Gebetskette. Sonnenlicht erfüllte das Zimmer. Auf dem Boden lag ein alter brauner Teppich. Als er mich gesegnet hatte, gab er mir zwei Aprikosen.

»Ich bin heute morgen sehr beschäftigt«, fuhr er dann fort. »Viele Menschen möchten mich noch sehen, bevor nach dem Mittagessen die Tänze anfangen. Aber bleiben Sie hier bei mir. Wir werden miteinander sprechen und zusammen essen. Zwischen den Besuchen, die ich erwarte, können Sie mich fragen, was Sie wollen.«

Für den Augenblick hatte niemand den Wunsch, etwas zu sagen. Es war genug, einfach dort bei ihm zu sitzen. Dann kam der Dorfvorsteher, ein großer, dicker Mann mit rotem Gesicht, ins Zimmer und sagte: »Rinpoche, die Trommler von She sind gekommen, um für Euch zu trommeln. Wollt Ihr sie hören?«

Der Rinpoche nickte.

Die Trommler – es waren drei, ein alter Mann und seine beiden Söhne – kamen nicht ins Zimmer, sondern blieben draußen auf dem schmalen Balkon. Sie spielten anfangs leise und gleichmäßig, dann immer lauter und in komplizierteren Rhythmen. Der Rinpoche schlug den Takt ganz leicht mit der rechten Hand auf dem kleinen Tisch mit.

In den nun folgenden zehn oder fünfzehn Minuten machte ich eine der sonderbarsten Erfahrungen meines Lebens. Während das Trommeln an Intensität zunahm, fiel mir auf, daß mein Bewußtsein sich langsam und sacht von meinem Körper löste und dann ein wenig vom Körper entfernt schwebte. Das erschreckte mich nicht, denn ich hatte schon Träume gehabt, in denen sich genau dieser Ablösungsprozeß vollzogen hatte. Ich sah mir in diesem neuen Zustand alles an, was es in meiner Umgebung zu sehen gab – die Wände, das Obst auf dem Teller vor dem Rinpoche, den Rinpoche selbst, wie er auf den Tisch klopfte und in sich hineinlächelte, das Sonnenlicht, das in großen leuchtenden Quadraten und Rechtecken auf die Wände fiel. Ich sah zum ersten Mal – und nicht nur intellektuell, nicht nur mit dem Verstand, sondern mit den Augen des ganzen Körpers und des ganzen Geistes –, was mit Leere, *sunyata,* gemeint ist.

Alles war von erstaunlicher, gesteigerter Wirklichkeit – und wirkte zugleich fast attrappenhaft, wie gemalt oder aus Reispapier und Balsaholz gefertigt. Selbst die imposante Gestalt des Rinpoche wirkte zugleich wie eine Puppe, an den hervorspringenden Stellen des Gesichts war unter der straff gespannten Papierhaut das Holzgestell zu ahnen. Das vor ihm stehende Obst war fest und von solcher Zartheit, daß ein Hauch es davonblasen oder zerbrechen konnte. Ich glaubte meine Hände durch die Mauern strecken zu können, durch den Garten dahinter, durch den Bach und die Berge. Ich fühlte mich nicht von den Menschen und Dingen getrennt, die ich anschaute, ich fühlte mich nicht realer als sie, konnte für mich selbst nicht beanspruchen, als fest oder absolut zu gelten. Ich erkannte, daß auch das Ich, das all das sah, so substanzlos wie Wind war. Ich drehte den Kopf und schaute durchs Fenster zu den Bergen hin. Sie waren Papier, ein Kind hätte sie zerreißen können. Ich sah den Rinpoche an. Er starrte vor sich hin und sprach ein Gebet. Auch er eine Illusion, ein Spiel, ein

Hauch, doch der Unterschied zwischen ihm und mir bestand darin, daß er es schon längst wußte, jahrelang darüber meditiert hatte und die leere Weite, die ich in diesen kurzen Augenblicken empfand, zu einer beständigen Erfahrung, zum lichten, stillen Grund seines ganzen Lebens gemacht hatte.

Ich habe ihn nie tiefer geliebt als in diesem Augenblick, in dem ich sah, daß er letztlich so wenig real war wie alles andere, daß auch er – wie das Obst und die Wände und die Berge und ich – eine vorübergehende Einbildung war. Ich vergaß für diesen Augenblick alle Furcht und allen Selbsthaß, und ich wußte, so sicher wie nie zuvor oder seither, daß alles andere als dieses Gefühl der Freude und Weite meiner nicht würdig war und keines anderen Lebewesens würdig war – alles andere war Lüge und Erniedrigung. Das Trommeln erreichte seinen Höhepunkt und hörte auf. Ich trat wieder in meinen Körper ein, und das Bewußtsein kehrte in seinen gewohnten stumpfen Zustand zurück.

Ich fragte den Rinpoche: »Werden Sie mich die Meditation des Avalokiteshvara lehren?«

»Weshalb möchten Sie diese Meditation lernen?«

»Weil ich sie praktizieren möchte.«

Ich saß auf einem kleinen Kissen vor dem Rinpoche. Er berührte sanft meine rechte Hand und lächelte.

Dann fragte er: »Glauben Sie, daß sie Ihnen helfen wird?«

»Ja.«

»Wollen Sie sie aufrichtig und mit der rechten Motivation üben, also nicht um Ihrer eigenen Erleuchtung willen, sondern zum Wohl aller erschaffenen Wesen?«

»Ja.«

»Wollen Sie jedesmal vor der Meditation das Bodhisattva-Gelübde erneuern – alles Leiden der Welt auf sich zu nehmen und all ihre Freude anderen zu geben und erst ins Nirvana einzugehen, wenn alle anderen Kreaturen mit Ihnen kommen können?«

»Ja.«

»Dann will ich Sie die Meditation lehren.«

Tränen waren mir in die Augen getreten. Wir sahen uns lange schweigend an.

Dann sagte der Rinpoche sehr leise: »Haben Sie keine Angst. Es gibt nichts zu fürchten.«

»Ich hatte noch nie in meinem Leben weniger Angst als jetzt.«

Er ging ans Fenster und öffnete es. Das Morgenlicht brandete herein und ließ den Wandteppich über seinem Sitz aufleuchten.

Er blieb lächelnd davor stehen. »Der alte Kaiser sieht in diesem Licht wieder jung aus.«

Er setzte sich und faltete sein Gewand um sich herum. »Es wird zwar schon Herbst, und die ersten Blätter fallen«, sagte er, »aber dieser Morgen ist so frisch, daß es auch Frühling sein könnte.«

»Es ist Frühling«, sagte ich.

»Ich habe für Sie den Bodhisattva des Mitgefühls gewählt«, begann der Rinpoche, »weil er die Seite von Ihnen repräsentiert und die Kraft in Ihnen ist, die Ihnen am meisten helfen wird. Jeder Mensch wird von anderen Bildern und Idealen getragen und bewegt. Was den einen voranbringt, kann einen anderen verwirren oder gar zerstören; was für den einen die Sonne ist, kann für den anderen ein Labyrinth sein, in dem er ein Leben lang dumpf umherirrt. Ich habe gesehen, daß die Bilder, die Ihnen helfen werden, Ihr Herz und Ihren Geist zu ordnen, Bilder der Liebe sind; daß die Energie, die Sie brauchen, um Frieden in Ihr Leben zu bringen, die Energie der Liebe ist.

Es gibt viele Wege zur Erleuchtung, und keiner ist besser als ein anderer, und alle sind schwer zu gehen. Der Weg für Sie, das wußte ich gleich, als ich Sie sah, ist der Weg des Mitgefühls, der Weg des Avalokiteshvara. Ich habe bei unserer ersten Begegnung gesehen, daß Ihr Herz verwirrt und verbittert und Ihr Geist stolz ist. Der Weg, den ich Sie lehren will, wird den Hochmut Ihres Geistes brechen und die Sonne, die Ihr wahres Herz ist, hinter den Wolken der Angst und des Zorns hervorlocken. Was ich Sie lehren werde ist nichts Besonderes und nicht besonders kompliziert; es ist einfach. Sie werden Einfachheit und Demut brauchen, um ihm zu folgen. Sie haben beides in sich, aber Sie werden hart arbeiten müssen, um es zu finden und leben zu können. Die eigentliche Reise Ihres Lebens ist die Reise zum erleuchteten Selbst, und das sind Sie schon. Sie sind quer durch Ihr Leben und durch Ladakh in diesen Raum gekommen, zu diesem Morgen, zu mir, und diese Reise hat Sie nun an den Anfang einer neuen Reise geführt.

Ich werde Sie jetzt die Meditation lehren. Wie ich schon sagte, fangen Sie damit an, daß Sie Ihre Meditation und was daraus Gutes entstehen mag, der Freude und dem Glück aller erschaffenen Wesen widmen. Die Praxis der Meditation kann nicht egoistisch sein, sie wird nicht zur Befriedigung des Ich unternommen. Denken Sie stets daran, denn sonst werden Sie eitel, und die Meditation wird weder Ihnen noch irgendwem sonst etwas nützen.«

Er sprach mir die Gelübde vor und ließ mich auf Tibetisch nachsprechen.

»Der nächste Teil der Meditation besteht darin, den Bodhisattva zu visualisieren. Sie müssen ihn so intensiv und mit so großer Detailtreue visualisieren, daß er wirklicher ist als ich, wie ich hier vor Ihnen sitze, wirklicher als alles, was sonst noch existiert. Und Sie müssen sich dabei vergegenwärtigen, daß Er der göttliche Teil Ihrer selbst ist, den Sie aus sich herausprojizieren, Ihre höchste Liebesenergie, der Sie lebendigen äußeren Ausdruck geben.«

Der Rinpoche schilderte mir mit größter Genauigkeit die Kleidung des Bodhisattva, wie ich mir seine Hände vorzustellen hätte, die Farben seiner Gewänder und Edelsteine.

»Es wäre ein Fehler zu glauben, daß irgendeines dieser Details unwichtig ist«, sagte er. »Jedes ist eine

Quelle der Ekstase, jedes kann bei richtiger Kontemplation eine andere Seite vom Wesen des Mitgefühls offenbaren.«

Er wiederholte jede Einzelheit und forderte mich auf, sie mit ihm zu wiederholen. Manchmal korrigierte er mich. Immer wieder gingen wir die Details durch, bis er sicher war, daß ich sie mir eingeprägt hatte.

»Anfangs werden Sie die Visualisierung schwierig finden. Sie sind darin nicht geschult. Sie haben die materialistische Art des Vorstellens und Sehens erlernt, die auch ihre Vorzüge hat, Sie aber nicht mit der Art von innerer Projektion vertraut macht, die jetzt von Ihnen verlangt ist. Doch diese Kraft wird Ihnen zuwachsen, wenn Sie ernsthaft daran arbeiten. Und mit ihr kommt eine ganz neue Freude und das Vertrauen in die Kraft Ihres eigenen Geistes. Sie werden langsam und in kleinen Schritten verstehen lernen, daß die Wirklichkeit eine Schöpfung des Bewußtseins ist. Sie werden das nicht mit dem Intellekt, ja nicht einmal vermöge Ihrer Intuition verstehen, sondern praktisch, denn Sie werden in sich die Kraft entwickeln, die Wirklichkeit zu ändern.

Sie müssen jeden Tag üben. Und Sie dürfen sich nicht entmutigen lassen, wenn Sie monatelang nur sehr wenig visualisieren können. Sie stehen am Anfang einer Reise in eine andere Welt, ins Bewußtsein einer anderen Wirklichkeit – erwarten Sie nicht, daß diese Reise schnell geht. Es wäre nicht einmal wünschenswert. Die Reise selbst hat ihre Freuden; auch die Schwierigkeiten und Härten des Weges haben ihr Gutes und zeigen Ihnen, was Sie zu lernen haben – Ausdauer, Vertrauen und Demut.«

Er machte eine Pause. »Und wenn Sie sich den Bodhisattva in seiner ganzen Herrlichkeit vergegenwärtigen können, auf seinem Lotus sitzend, mit seinen Juwelen, den vielen Farben seiner Gewänder, den heiligen Silben seiner Krone, die Tausende von Lichtstrahlen aussendet, auf denen erhabene und heilige Wesen in Meditation sitzen, wenn Sie all das so kraftvoll visualisieren, daß Sie glauben, die Hand ausstrecken und diesen Bodhisattva berühren zu können, der mit einem Blick voll unendlicher Liebe in Ihre Augen schaut, dann können Sie mit der höchsten Stufe beginnen.

Auf dieser Stufe bringen Sie sich selbst dem Bodhisattva dar – Ihre Sinne, Ihren Körper, Ihr Herz, Ihren Geist. Sie opfern ihm alles was Sie sind, und dann verschmelzen Sie mit ihm, gehen in ihm auf. Sie werden Ihr höchstes Selbst, das Er ist. In diesem Zustand sehen Sie alles mit seinen Augen und hören alles mit seinen Ohren. Sie werden die Welt als seinen Körper sehen und jeden Laut als das Klingen seiner Mantra hören. Selbst der Lärm eines Autos wird sein Mantra singen; selbst das Heulen eines Flugzeugs; selbst der Gesang eines Bauern auf dem Feld; selbst das Bellen eines Hundes.«

Der Rinpoche schien beim Sprechen in eine Art Ekstase einzutreten. Lange Zeit konnte er nicht weitersprechen. Er saß mit geschlossenen Augen im Sonnenlicht.

»Sie müssen verstehen, daß dieses Verschmelzen mit dem Gott, den Sie aus sich selbst herausprojiziert und kraft Ihrer tiefsten Energien visualisiert haben, keine Ekstase ist, auf die das Ego einen Anspruch erheben kann. Ja, es ist eine Erfahrung der Macht, einer ungeheuren Macht, aber einer Macht, die durch Liebe gewandelt und geläutert ist, die allen Wesen hingegeben wird, der Erlösung von allem Leben. Und um die Gefahr der Eitelkeit und des Hochmuts zu bannen, gibt es in dieser Meditation noch eine letzte, unabdingbare Stufe. Sie müssen die Meditation wieder auflösen; Sie müssen Ihre eigene Projektion wieder auflösen; Sie müssen Ihre eigene Ekstase auslöschen. Ihr Geist muß in vollkommener Leere ruhen, die keine Form besitzt, weder Ihre noch die des Bodhisattva, den Ihr Geist visualisiert hat. Sie müssen in dieses letzte Stadium eintreten, in *sunyata*, das die Mutter aller Projektionen ist, die Leere, aus der alle Formen hervorgehen – Ihre, meine und all die Ein-Bildungen unseres Geistes und unseres Herzens. Es darf nichts übrig sein von Ihnen selbst oder von der Erfahrung des Bodhisattva oder von Ihrer Freude an seiner Herrlichkeit oder Ihrer eigenen – nichts als *sunyata,* das klare Strahlen der Leere.«

Wir schwiegen lange. Die Tauben waren zu ihrem Stammplatz unter dem Fenster zurückgekehrt, und ihr Gurren erfüllte den Raum. Die Sonne war über die Wand weitergewandert und ließ den Wandbehang über dem Rinpoche in glühendem Schatten zurück.

»Sie reisen morgen ab?«

»Ja, ich muß.«

Ich nahm zum ersten Mal die beiden kleinen Rosen wahr, die der Rinpoche neben sich auf den Tisch gelegt hatte. Er bemerkte meinen Blick, hauchte auf eine der Blüten und gab sie mir.

»Sie ist von dem Paß unterhalb von Gotsang.«

Ich sagte, daß ich ihn liebte und ihn mein Leben lang im Herzen behalten würde. Ich sprach meine Hoffnung aus, mich seiner Güte und Freundlichkeit würdig erweisen zu können.

Er schüttelte lächelnd den Kopf. »Sie sind bereits würdig. Ich möchte keinen Dank von Ihnen. Ich möchte, daß Sie das Band zwischen uns nicht zerreißen lassen.«

»Es wird niemals zerreißen.«

Nach einem kurzen Schweigen sagte der Rinpoche: »Wir werden jetzt den ersten Teil der Meditation, die ich Sie gelehrt habe, gemeinsam üben.« Wir saßen still da. Nach einer Weile fragte er: »War Ihre Visualisierung gut?«

»Natürlich nicht«, lächelte ich. »Ich konnte so gut wie gar nichts visualisieren. Ich fühle mich wie ein Narr. In meinem Geist ist ein dunkler Stein.«

»Nun denn«, sagte der Rinpoche, »üben Sie, schleifen Sie ihn ab.« □

Im empfindlichen Ökosystem Himalaya werden immer mehr Bäume verfeuert.
Ausgelaugte Böden, Lawinen und Überschwemmungen sind die Folgen

DIE KATASTROPHE HAT FREIEN LAUF

Von Reiner Klingholz

Am nächsten Tag kamen wir, vorbei an mächtigen Kiefern, nach Namche Bazar und stiegen talaufwärts durch den dichten Wald zum Thyangpoche-Kloster. Später, bei Pangboche, in über 4000 Meter Höhe, wuchsen die meisten der tiefgrünen Wacholderbäume nur noch in Büschen heran, doch an manchen Orten fanden wir auch ausgedehnte Bestände von riesigen, knorrigen Stämmen. Überall gab es große Mengen an Feuerholz.« So beschrieb Sir Edmund Hillary, der Erstbesteiger des Mount Everest, 1953 seinen ersten Anstieg zum Fuß des höchsten Gipfels der Erde.

Als Hillary dreißig Jahre später die gleiche Route zum Everest Base Camp am Khumbu Gletscher zurücklegt, teilt er den Weg nicht nur mit über 5000 anderen Trekkern im Jahr – auch die Landschaft am Fuße der Achttausender hat sich dramatisch verändert. Die restlichen Baumriesen bei Namche Bazar sind verstümmelt, der Wald bei Thyangpoche ist unter den Äxten und Sägen der Sherpas gelichtet, und in der Pangboche-Region findet Hillary nahezu kahle Flächen vor. Die meisten Landkarten des Himalaya gaukeln dem Besucher etwas vor, das im Himalaya nur noch auf dem Papier existiert: Wald. Im günstigsten Fall klammern sich terrassierte Felder an die kahlgeschlagenen Steilhänge. Fehlt auch diese von Menschenhand geschaffene Anlage, ist der Weg endgültig frei für Steinschläge, Erdrutsche und Lawinen. Was die Verwitterung in Jahrtausenden aufgebaut hat, kann mit nur einem einzigen Monsunregen im wahrsten Sinne des Wortes den Bach hinuntergehen.

Doch damit nicht genug. Von den Höhenzügen des Himalaya wälzen sich die schlammigen Wassermassen durch die sumpfig-tropischen Tiefebenen Nordindiens und Pakistans und lassen die träge dahinfließenden Ströme von Ganges, Brahmaputra und Indus immer öfter über die Ufer treten. So gefährdet jeder unbedacht geschlagene Stamm im Hochland indirekt das Leben von nahezu 200 Millionen Menschen – vor allem in den dichtest besiedelten Regionen von Indien und Bangladesh. Von Kaschmir im Westen bis Assam im Osten, überall das gleiche Bild: Unterhalb 2000 Meter Höhe gibt es praktisch keine Wälder mehr.

Die Situation in Nepal ist nicht viel besser. Das rasche Anwachsen der Bevölkerung, der Bedarf an Feuerholz und die landwirtschaftliche Nutzung verschlingen den Wald in atemberaubendem Tempo. Seit Jahren dringen die Menschen in den Bergen in Steillagen mit einer Neigung von mehr als 35 Grad vor. Diese aber sind für einen Anbau von Feldfrüchten ebenso ungeeignet wie für eine Weideviehhaltung. Entwicklungshelfer beschreiben Fälle, in denen sich Bauern abseilen mußten, um ihre Maisfelder überhaupt bestellen zu können. Nach offiziellen nepalesischen Angaben nahm die Waldfläche innerhalb eines Jahrzehnts – zwischen 1964 und 1974 – von 45 auf 34 Prozent ab. Weitere zehn Jahre später waren nur noch 29 Prozent des Landes bewaldet. Nach internationalen Schätzungen, die sich im wesentlichen auf Luftbildaufnahmen

stützen, soll sich in den letzten 30 Jahren mindestens die Hälfte der Wälder in Rauch aufgelöst haben. Die Zukunft sieht nicht minder düster aus: Viele Experten befürchten, daß alle erreichbaren Bäume bis zur Jahrtausendwende verschwunden sein werden.

Zwei Drittel der landwirtschaftlichen Nutzfläche Nepals liegen heute in der Tiefebene des Terai, an der Grenze zu den indischen Bundesstaaten Bihar und Uttar Pradesh. Der bis vor wenigen Jahrzehnten mit dichtem Dschungel überzogene Terai war früher relativ dünn besiedelt, da die Malaria eine Zunahme der Bergbevölkerung verhinderte. Als dank moderner Medizin das Tropenfieber Ende der fünfziger Jahre zurückging, verdoppelte sich die Terai-Bevölkerung innerhalb von 20 Jahren. Franz Kollmannsperger von der Gesellschaft für Technische Zusammenarbeit (GTZ) schätzt, daß der Terai bei gleichbleibendem Zuwachs in den nächsten zehn bis 15 Jahren »besetzt« sein wird. Andere Bevölkerungswissenschaftler gehen davon aus, daß sich bei anhaltendem Bevölkerungswachstum die Gesamtzahl der Nepalesen in den nächsten 30 Jahren auf 32 Millionen verdoppeln wird. Die ökologischen Folgen dieser Menschenexplosion wären jedoch für das Terai-Tiefland selbst bei völliger Entwaldung zu verkraften. Anders in den Bergregionen des Landes, wo die schlechtesten Erträge auf der ganzen Welt produziert werden. In diesem Hochland leben derzeit zwei Drittel der Nepalesen, bewirtschaften aber nur ein Drittel der landwirtschaftlichen Nutzfläche. Da Holz nahezu die einzige Energiequelle ist, verbraucht jeder Bewohner des vorderen Himalaya mit jährlich 700 Kilo zehnmal soviel Holz, wie in der gleichen Zeit im Wald nachwachsen kann.

Und wo junge Bäume geschont werden, haben sie trotzdem kaum Chancen, da die Weidetiere alles aufkommende Grün mit Stumpf und Stiel abfressen. Das Problem verschlimmert sich noch durch den Trekking-Tourismus. So kamen 1981 über 5000 Besucher in den Mount Everest-Nationalpark, ein Gebiet, in dem gerade 2500 Sherpas leben. »Da ist Abholzen natürlich ein gutes Geschäft, denn die Touristen wollen sich ihr eigenes Feuerchen machen«, klagt der am Nationalpark-Aufbau beteiligte Neuseeländer Mal Clarbrough. Daran ändert auch die Vorschrift wenig, nach der Einheimische innerhalb des Parks nur totes Holz einsammeln dürfen und Touristen ihren eigenen Brennstoff in Form von Gas oder Kerosin mitbringen müssen. Nach Ansicht von Forstfachleuten sollten die nepalesischen Midlands mindestens zu 60 Prozent bewaldet sein, um eine übermäßige Erosion zu verhindern. In Wirklichkeit ist aber bereits mehr als die Hälfte dieser Sollfläche kahlgeschlagen. Auf den Rodungen können terrassierte Hänge die Erosionen noch am besten aufhalten. Da dies oft die einzige Möglichkeit ist, Landbau zu betreiben, sind die Himalaya-Bewohner traditionell Künstler in dieser Art der Hangbefestigung. Doch je hektischer die Bauern neue Flächen erschließen, um so nachlässiger entstehen die neuen Terrassen. Falsch angelegte Erdwälle verursachen aber meist schlimmere Erosionen als unbewachsene Hänge.

Während der Regenzeit – auch die Hauptperiode der Schneeschmelze – nimmt dann das Unglück seinen Lauf. Der Himalaya ist die natürliche Barriere für den Südwestmonsun auf dem indischen Subkontinent. Das heißt, innerhalb von nur vier Monaten fällt der größte Teil der Jahresniederschläge. Während eines einzigen Regengusses können dabei leicht hundert oder mehr Millimeter Regen niedergehen. Das bedeutet: Von jedem Quadratmeter gerodetem Boden, der nur recht wenig Wasser aufnehmen kann, fließen fast hundert Liter Wasser ab. Bremst kein Baum und kein Strauch die herabfallenden Tropfen, prallen diese mit hoher Energie direkt auf die Erdkrume auf und verspritzen kleine Bodenpartikel. Der Regen spült zuerst dieses aufgeschwemmte Material, später Steine und Felsbrocken weg. Die anschwellenden Bäche vertiefen sich und bringen darüberliegende Steilhänge und Anbauterrassen zum Einsturz. Am Oberlauf des Seti in West-Nepal konnten deutsche Mitarbeiter der Gesellschaft für Technische Zusammenarbeit beobachten, wie sich als Folge der Erosion in der Regenzeit die Wassermengen um das Tausendfache erhöhten. Allein der Karnali transportiert so 50 Millionen Kubikmeter Erdmaterial aus dem Himalaya in die Tiefebene.

Da ein unbewaldeter Boden nur wenig Wasser speichern kann, sinkt auch der Grundwasserspiegel, und viele der früher ganzjährig sprudelnden Quellen versiegen. Ungewohnte Dürreperioden in den Wintermonaten sind die Folge. Und je länger diese Trockenzeiten andauern, um so schwerer ist es, eine neue Vegetation anzupflanzen. Gleichzeitig schlägt sich auf der nackten Erde in der Nacht weit weniger Tau nieder. Tagsüber verdunstet dann die Feuchtigkeit auf vegetationslosen, sonnenexponierten Steillagen bis zu 200mal schneller als auf bewachsenen Flächen. Die kahlen Böden heizen sich im Sonnenlicht rasch auf, und letztlich verändert sich auch das Spektrum der Bodenlebewesen: Die Zahl der Bakterien, die unter anderem helfen, die Oberschicht des Bodens zu zerkrümeln, geht zurück. Übrig bleiben harte Krusten, die überhaupt kein Regenwasser mehr aufnehmen und die Erosion noch beschleunigen. Der gleiche Effekt läßt sich auf den meisten Verkehrswegen beobachten. Die Straßen von Kathmandu nach Trisuli und von Dhangari nach Dandeldhura im Westen Nepals werden an vielen Stellen regelmäßig von Monsunregen unterspült und brechen in die Tiefe. Fünf Prozent aller Erdrutsche im Himalaja gehen auf das Konto von falsch angelegten Straßen.

»Jedes Jahr spülen die vier größten Flüsse des Landes 240 Millionen Kubikmeter Ackerkrume fort«, schreibt Manmoham Dhoj Joshi in dem Bericht »Umwelt in Nepal«, »bei weitem das wertvollste Exportgut, das freilich ohne jedes Entgelt verlorengeht.« Die Menge entspricht Tag für Tag

einer Ladung von etwa 23 500 Güterwaggons. Joshi weist nach, daß auf diese Art jährlich so viel Boden abfließt, wie unter normalen Bedingungen in 35 bis 70 Jahren durch Verwitterung entsteht. Auf Satellitenbildern läßt sich verfolgen, wie die Flußläufe Nordindiens die Waldzerstörung in den Bergen zu spüren bekommen. Die Hochwasserspitzen haben die einst ausgedehnten Flußschlingen der Ganges-Zuflüsse durchbrochen und teilweise zu geradlinigen Kanälen ausgewaschen. Die Aufnahmen aus dem All zeigen aber auch, wo die Himalayaböden bleiben: Im Golf von Bengalen hat sich im Laufe der Zeit eine 40 000 Quadratkilometer große Untiefe aus jährlich 1,5 Milliarden Tonnen Sediment aufgetürmt. Nur selten lassen sich die Schäden der Waldzerstörung direkt berechnen, wie etwa am Mangla-Stausee in Pakistan. Die Planer hatten dem Projekt eine Lebenserwartung von rund hundert Jahren vorausgesagt. Eine neuere Untersuchung zeigt jedoch, daß der Damm in 50 Jahren völlig verschlammt sein wird. Total unterschätzt haben auch die indischen Behörden dieses Problem: Alle Staudämme des Landes werden um ein Vielfaches früher mit Sediment vollgespült sein. Das Zizamasgar-Reservoir beispielsweise faßt heute nur noch ein Drittel der eigentlichen Wassermenge. Das ist schon jetzt zuwenig, um wie geplant 1100 Quadratkilometer Felder zu bewässern.

»Die meisten der natürlichen Überschwemmungen in der Dritten Welt sind in Wirklichkeit von Menschen verursachte Katastrophen«, schreibt das internationale Umweltinstitut Earthscan. Katastrophen, die das Trinkwasser verseuchen, Cholera- und Typhusepidemien hervorrufen, die Tausende von Menschenleben fordern und Millionen obdachlos machen. Und Katastrophen, die offenbar nur schwer durch Hilfsmaßnahmen zu vermeiden sind: Obwohl sich die Entwicklungshilfe für Nepal seit Anfang der 70er Jahre von 28 auf über 200 Millionen Dollar erhöht hat, ist der Erfolg eher bescheiden.

Die meisten Projekte scheitern, weil sie ohne Unterstützung der Einheimischen durchgeführt wurden und weil die Bevölkerungsexplosion kleine Teilerfolge umgehend zunichte macht. Geburtenkontrolle, eine »konservative« Landwirtschaft mit »sanften« Methoden und Wiederaufforstung sind denn auch die Hauptforderungen der Entwicklungsstrategen. Anstrengungen, wie etwa die 600 staatlichen Baumschulen in Nepal oder die Anlage von Bannwäldern sind ein erster Schritt, konnten aber bisher nicht einmal die Zerstörung aufhalten. Auch die Berechnungen, die manche Planer zur Gesundung der Himalaya-Region aufstellen, wirken angesichts der vielschichtigen Probleme ziemlich naiv: Wenn jeder Nepalese jährlich zehn kleine Bäumchen pflanzen würde, so ein gewagtes Kalkül, wären innerhalb von sieben Jahren über eine Million Hektar des Landes neu bewaldet und Nepal, nach den Experten der Weltbank, wieder ökologisch auf die Beine gebracht. Bisher wird jährlich nicht einmal ein einziger Baum pro Kopf gepflanzt. □

Ein Hauptmotiv der buddhistischen Tempelmalerei ist das geometrisch aufgebaute Mandala. Es dient als Hilfsmittel zur Meditation und als Kultbild bei den religiösen Riten. Die Flötenspielerin gehört zu einem Orchester, das zum Zeichen der Verehrung für den Buddha Amitabha musiziert. Die Figur, knapp zehn Zentimeter groß, ist ein Ausschnitt von der linken Wand des Sumtsek-Tempels in Alchi

Hinter schmucklosen Klostermauern im Dorf Alchi in Ladakh verbergen sich Kostbarkeiten. Vor knapp tausend Jahren haben hier tibetische Künstler Malereien geschaffen, die zum Schönsten religiöser Kunst gehören: Zeugnisse einer vergangenen Kultur und der meisterhafte Versuch, den Menschen die geistige Welt des Buddhismus nahezubringen

KLEINOD IM APRIKOSENHAIN

Von Roger Goepper mit Fotos von Jaroslav Poncar

Die helfende Göttin Tara aus der linken Nische des Sumtsek. Sie trägt den Schmuck und das raffinierte Gewand einer kaschmirischen Prinzessin der Zeit um 1200 n. Chr. Die Maltechnik ist miniaturhaft fein.

TARA: JE MEHR ARME, DESTO GRÖSSER DIE MACHT

Ein Mann in volkstümlicher Tracht flieht vor einer Schlange; eine Frau wird von einem Soldaten in Gefangenschaft geführt. Doch für die Bedrohten gibt es Rettung: Die achtarmige Göttin Tara hilft aus acht Arten der Bedrängnis. Szene im Obergeschoß des Sumtsek

Ein »friedliches« Mandala ohne grimmig blickende Schutzgottheiten. In der Mitte der zentralen Lotusblüte thront der historische Buddha. Meditationsbild aus dem »neuen« Tempel von Alchi, erbaut im 14. Jahrhundert (1)

Mittelfeld eines Mandala mit dem vierhäuptigen Buddha Vairocana im Zentrum, umgeben von vier mystischen Buddhas und Göttinnen sowie von den sechzehn großen Bodhisattvas. In den Ecken thronen vier Göttinnen. Gebetshalle von Alchi (2)

Mandala aus dem »neuen« Tempel von Alchi mit dem mystischen Buddha Vairocana im Zentrum. Das von einem Kreis eingeschlossene Quadrat mit vier »Toren« ist das Abbild einer himmlischen Stadt oder eines Palastes (4)

MANDALA: WEGWEISER FÜR DIE REISE INS INNERE

Mittelfeld des Mandala mit dem Bodhisattva Manjushri, der sich in den acht Lotusblättern magisch vervielfacht

hat. In den Ecken die acht buddhistischen Glücksembleme. Aus der großen Gebetshalle im Kloster Alchi (5)

Mandala des allwissenden Buddha Vairocana im Obergeschoß des Sumtsek. Im Mittelfeld die fünf mystischen Buddhas und vier ihnen zugeordnete Göttinnen. Im äußeren Fries die sechzehn Bodhisattvas; in den »Toren« Schutzgottheiten und in den Ecken weibliche Verkörperungen verschiedener Formen des Opfers an den Buddha (3)

2

3

Auf diesem Mandala aus dem Sumtsek ist der Buddha Vairocana von acht weiblichen Gottheiten umgeben. Der Aufbau und die Figuren eines Mandala richten sich nach alten magischen Texten (Tantra) und dem Sinn des davor ausgeführten Rituals (6)

5

6

In einigen Klöstern des westlichen Himalaya, eingebettet in tiefe Täler, haben sich Wandmalereien aus dem 11. bis frühen 13. Jahrhundert erhalten, die zu den schönsten und raffiniertesten Schöpfungen buddhistischer Kunst gehören. Es sind Sumda in Zangskar, Tabo in Spiti, Tholing und Tsaparang in Guge (alle Westtibet) sowie Manggyu und Alchi in Ladakh. Das Kloster im kleinen Dorf Alchi, etwa siebzig Kilometer von Leh auf einer Schwemmlandterrasse über dem Indus gelegen, besitzt von allen die kostbarsten Schätze: die weitgehend noch im Originalzustand und unübermalt erhaltenen Wandbildzyklen in der großen Gebetshalle Dukhang und im dreigeschossigen Sumtsektempel.

Die Gründung fast aller dieser Klöster wird mit dem großen tibetischen Reformator Rinchen Zangpo (958–1055 n. Chr.) in Verbindung gebracht. Er war von seinem König nach Kaschmir geschickt worden, hatte dort die spätbuddhistische Form des Tantrismus studiert und nach seiner Rückkehr im westtibetischen Königreich Guge eine neue Blüte buddhistischer Religiosität und Kultur ausgelöst. Wenig später, im ersten Jahrzehnt des 13. Jahrhunderts, entstanden die Tempel in Alchi mit ihren Wandmalereien.

Die Wandbilder in Alchi sind so bedeutsam, weil sie eine fast völlig untergegangene Kultur widerspiegeln. Es ist die Kultur des spätindischen Königreiches von Kaschmir, die gerade in dieser Zeit stark vom Islam beeinflußt wurde und von der nur noch wenige, stark zerstörte Tempelruinen im Mutterland Kaschmir zeugen.

Wie man aus historischen Quellen weiß, haben Rinchen Zangpo und die Könige von Guge kaschmirische Künstler in die tibetischen Hochtäler geholt und sie bei der Ausschmückung der neuen Tempel eingesetzt. So wird heute der Besucher von Alchi, nachdem er die äußerlich ziemlich schmucklosen kubischen Bauten in einfachem tibetischen Stil betreten hat, im Inneren der Räume mit einer bunten Fülle reichster Malerei konfrontiert, die jeden Quadratzentimeter der Wandflächen und sogar die Decken überzieht.

Die zum Teil miniaturhaft feinen Darstellungen, die besonders im dreigeschossigen Sumtsek in ungewöhnlicher Frische erhalten sind, zeigen religiöse Themen mit Buddhas und Göttinnen in den raffinierten Gewändern der höfischen Kultur Kaschmirs aus der Zeit um 1200. Daneben gibt es weltliche Motive mit tibetischen Fürstenpaaren und Priestern, die sich in Tracht und Habitus deutlich von denen im kaschmirischen Stil abheben. Die Wandbilder sind Zeugnis für eine indisch-tibetische Mischkultur, die eine der wesentlichen Wurzeln für die späte tibetische Zivilisation ist.

In den Tempelbauten stehen auch Plastiken aus Lehmstuck in einer Technik, wie sie über ganz Zentralasien bis nach China verbreitet ist. Die Skulpturen erreichen im Sumtsek von Alchi die kolossale Höhe von etwa vier Metern. Aber wegen späterer Überarbeitungen haben sie nicht die künstlerische Qualität zum Beispiel der Plastiken von Tabo in Spiti. Die Riesenfiguren in ihren Nischen scheinen den engen Raum des Sumtsek zu sprengen. Sie stellen drei der wichtigsten Bodhisattvas dar, gütige Mittler und Heilsfiguren des überaus reichen buddhistischen Pantheons, die den Lebewesen auf ihrem Erlösungsweg behilflich sind und eine Vorstufe zu der von allen Menschen angestrebten Buddhaschaft bilden.

In der rückwärtigen Nische steht Maitreya, »der Wohlwollende«, links Avalokiteshvara, »der Herr, der gnädig herabblickt«, und rechts Manjushri, »das liebliche Glück«. Eine Inschrift charakterisiert sie als Symbole der drei Geheimnisse von Körper, Rede und Geist, mit denen der Buddha sein Erlösungswerk betrieben hat. Die glücklicherweise nicht übermalten rockartigen Gewänder der Bodhisattvas sind über und über mit miniaturartigen Bildern bedeckt, die in Gestalt raffinierter Textilmuster Szenen aus dem Leben des historischen Buddha (Maitreya), Palast- und Tempelszenen aus Kaschmir (Avalokiteshvara) und die berühmten *siddhas*, tantrische Magier (Manjushri), zeigen.

Weitere Kostbarkeiten der Alchi-Malerei finden sich in den Nischen der Kolossalplastiken an den unteren Wandzonen. Neben Buddhas und der aus allen Nöten helfenden Göttin Tara sieht man hier tibetische Könige und Königinnen in teils reichgeschmückten, teils schlichten kaftanartigen Gewändern und üppigem Schmuck. Sie werden als Stifterfiguren mit der Gemeinschaft gelb und rötlich gewandeter buddhistischer Priester konfrontiert, die ihren Ritus mit bizarrem Kultgerät ausüben. Eine Auswertung dieser bisher noch nicht entschlüsselten Szenen wird Aufschluß über die mittelalterliche Zivilisation im westlichen Himalaya geben, in der sich indische, zentralasiatische und eigenständige tibetische Züge überlagern.

Im Untergeschoß des Sumtsektempels sind die Wände zwischen den Nischen mit den Plastiken von oben bis unten mit Tausenden kleiner Figuren von Buddhas und Bodhisattvas ausgemalt. Die tausendfache Vervielfältigung heiliger Figuren ist ein beliebtes Mittel buddhistischer Kunst, um die mystisch-magische Machtfülle der dargestellten Gottheit zu symbolisieren. Diese tritt gleichsam in einer kosmischen Erscheinung auf. Auch hier gibt es reizvolle miniaturhafte Details im Thronaufbau der Buddhas oder bei Musikanten und Tänzern, die ihm huldigen. Über den Eingangstüren beider Tempel von Alchi erscheint als Schutzgott des heiligen Raumes der grimmige blaue Mahakala über seinem dreieckigen Feueropfer-Altar, begleitet von

Buddha im Lotussitz mit verschiedenen symbolischen Handgesten (Mudras)

meditierend

predigend

die Erde berührend

furchtlos

mitfühlend

Manjushri ist der Bodhisattva der Weisheit, der mit seinem Schwert das Unwissen abschneiden kann. Er sitzt auf einem reichgeschmückten Löwenthron, umschwebt von Opfergöttinnen. Rechte Wand des Sumtsek

zornigen weiblichen Gottheiten zu Pferde. Die Leichenteile geopferter Dämonen pflastern das Umfeld.

Weitere wichtige religiöse Motive erscheinen an den Seitenwänden der Gebetshalle und in den oberen Stockwerken des Sumtsek. Auf der Rückwand im ersten Obergeschoß, über dem dreieckigen Nischenausschnitt, in den von unten der Kopf des kolossalen Maitreya-Standbildes hereinragt, ist mehrfach der mystische Buddha Sarvavid-Vairocana, der »Allwissende Ringsumher-Leuchtende«, dargestellt. Er gilt als Verkörperung des transzendenten Absoluten und thront in dieser Funktion in der Mitte der meisten Mandalas von Alchi. Als Hauptmotiv der beiden Seitenwände wird jeweils einer der beiden Nothelfer des Buddhismus gezeigt, links der weiße elfköpfige und vielarmige Avalokiteshvara und rechts die grüne Göttin Tara als Retterin aus acht lebensbedrohenden Notsituationen, die in lebendigen Szenen rings um sie ausgebreitet sind: Menschen werden von Elefanten, Löwen, Schlangen angegriffen, von Feuer, Wasser, Soldaten oder bösen Geistern bedroht und nach einem Bittgebet an Tara durch die Göttin befreit.

Dem unvorbereiteten Besucher am wenigsten zugänglich sind die großen Mandala-Darstellungen in den beiden oberen Stockwerken des Sumtsek und an den Seitenwänden des Dukhang von Alchi. In ihnen ist die spekulative Kunst des Buddhismus zur höchsten Entfaltung gekommen. Mandala, tibetisch Kyilkhor, bedeutet wörtlich Kreis oder Sphäre, und diese komplizierten Gebilde setzen sich in der Regel aus Kreis- und Quadratformen zusammen. Die Mandalas sind Gestalt gewordene Kristallisationspunkte der in Meditation gewonnenen mystischen Erfahrungen. Sie sind Kosmogramme, die in ihrer grundrißartigen, geometri-

Die vier Meter hohe Lehmstuckfigur des Bodhisattva der unendlichen Güte in der linken Nische des Sumtsek. Rechts ein Detail aus seinem reich bemalten Gewand: Ein kaschmirisches Fürstenpaar empfängt in seinem Palast einen vornehmen Gast, der mit Musik angekündigt wird

BODHISATTVA: HELFER DER ERLÖSUNGSBEDÜRFTIGEN MENSCHHEIT

schen Form einen Palast oder eine Königsstadt als Weltsymbol abbilden. Zugleich sind sie Psychogramme, in denen die Stufen des geistigen Erlösungsvorgangs durch Gottheiten dargestellt werden. Der eigentliche Sinn eines Mandala entfaltet sich erst im Ritus und in der Meditation, die vor ihm vollzogen werden; im Bezug zum Priester, der während der kultischen Handlung die im Mandala abgebildeten religiösen Vorstellungen und deren Beziehung zueinander aktualisiert.

Symbole dieser Vorstellungen sind die Gottheiten, die das Mandala ausfüllen. Der häufigste Typus in Alchi ist das Vajradhatu-Mandala, das »Mandala der Diamantsphäre«, das die Entfaltung des transzendenten Absoluten in der Realität symbolisiert. In der Mitte thront der mystische Buddha Sarvavid-Vairocana, umrahmt von vier weiteren Buddhas und deren weiblichen Partnerinnen, die man als »Weisheit«, *prajna,* des jeweiligen Buddha be-

zeichnet. Diese mystische Pentade steht für Fünfergruppen, aus denen sich nach buddhistischem Verständnis alles Sein zusammensetzt, zum Beispiel Elemente, Farben, Emotionen, aber auch Typen der Weisheit. Schutzgottheiten in den T-förmigen Toren schirmen diesen inneren Bereich.

Um den inneren Bereich des Mandala zieht sich eine Zone mit sechzehn Bodhisattvas als den Symbolen für die sechzehn Stufen, die man auf dem Weg zur Buddhaschaft zu durchlaufen hat. In den Ecken dieses Quadratbandes und in den äußeren Kreisbezirken sitzen weibliche Gottheiten, die das Opfer an den Vairocana in Form von Blumengirlanden und Musik ausdrücken. Im äußersten Bereich thronen vier weitere Gottheiten, die die vier Arten magischer Riten im tantrischen Buddhismus darstellen: das Herbeizwingen, das Hereinziehen, das Binden und das Gefügigmachen der als Gottheit vorgestellten magischen Kraft.

Neben der spekulativen religiösen Malerei findet der Besucher in Alchi auch unmittelbar anrührende, menschliche Motive. Auf den Innenwänden des auf einem Balkengerüst im Inneren des großen Stupa gleichsam schwebenden tönernen Votiv-Stupa sind vier Priester dargestellt: der dunkelhäutige indische Magier Naropa, der weißhäutige Tibeter Rinchen Zangpo und zwei alte braunhäutige Priester, in denen man kaschmirische Lehrmeister des Rinchen Zangpo sehen darf. Die beiden Alten wirken wie byzantinische Mönche und machen uns die geistige Verwandtschaft der großen Religionen der Welt deutlich. ☐

Der Tempelkomplex von Alchi liegt 64 Kilometer westlich von Leh. Rechts der dreistöckige Sumtsek, links der Dukhang, die große Gebetshalle. Davor eine Reihe von Tschorten

Innenansicht des Dukhang mit dem Altar. Von den Decken hängen Thankas, Rollbilder, und die Wände sind mit Mandalas geschmückt

Der Stupa ist im gesamten tibetischen Kulturkreis zwischen Ladakh und Bhutan das auffallendste und symbolträchtigste sakrale Bauwerk. Er ist aus dem altindischen vorbuddhistischen Grabhügel, letzte Ruhestätte für Könige und Heilige, hervorgegangen. Auch die sterblichen Überreste des historischen Buddha wurden als Reliquien in acht Grabhügeln über Nordindien verteilt. Das tibetische Wort für Stupa ist Tschorten und bezeichnet einen Kultschrein. Er enthält Reliquien und Gebrauchsgegenstände großer Heiliger und Lamas (Priester), Votivgaben und Statuen oder Schmuck, Kultgeräte, Gebetsblätter und kleine Tontäfelchen (*tsa-tsa*) mit Gebeten. Eigentlich ist der Stupa ein kleiner Tempel, meist aus massivem Stein und ohne Öffnungen. Der Gläubige verehrt das Bauwerk, indem er es im Uhrzeigersinn umschreitet, damit die rechte reine Hand – die linke gilt als unrein – dem Heiligtum zugewandt ist. Der Stupa ist das Zentrum der Welt, der mystische Berg Kailas, von dem die Götter zu den Menschen herabsteigen und der von Hindus und Buddhisten gleichermaßen verehrt wird.

Die einzelnen Bauteile des Tschorten, die in ihrer Gesamtheit den Kosmos symbolisieren, stellen in der Regel die fünf Elemente dar: Der quadratische terrassenförmige Unterbau steht für das Element Erde, die Glocken- oder Zylinderform für Wasser, die Spitze für Feuer, wobei die sieben bis dreizehn Ringe verschiedene Stufen der Erleuchtung versinnbilichen. Der Schirm gilt als Zeichen von königlicher und geistiger Macht und Würde und soll vor allem Übel schützen. Ihm ist das Element Luft zugeordnet. Auf der Spitze des Tschorten liegt der Halbmond (weiblich, passiv) und in seiner Beuge die Sonne (aktiv, männlich) – Symbol für die Vereinigung der Gegensätze. Beiden entspringt der Bindu (der »Same des universellen Bewußtseins«) in Form der Nadaflamme, Symbol der höchsten Erkenntnis. Dieser Abschnitt steht für das Element Äther. Die fünf Abschnitte des Bauwerks werden auch mit den fünf himmlischen Buddhas verglichen. Von oben gleicht der Tschorten einem mystischen Diagramm, dem *mandala*, die symbolische Darstellung des kosmischen Weltbilds der Buddhisten, und er hat die gleiche Wirkung wie dieses Kultbild. Die vier Seiten des Quadrates sind nach den Himmelsrichtungen ausgerichtet. Dieser Grundtyp des Tschorten wird in den verschiedenen Regionen des Himalaya vielfach variiert.

In Ladakh gibt es quadratische Tor-Tschorten, deren Unterbau gleichzeitig

Manfred Kleinmuth

HAUS OHNE TÜREN

Stupas stehen überall im Himalaya. Die steinernen Kultschreine sind die Zentren einer mystischen Welt

Der Stupa von Bodnath in Kathmandu

Stupas auf der Hochfläche von Ladakh

als Durchgang dient. Meist sind sie weiß gekalkt. Besonders schöne, teilweise bemalte und mit Figuren geschmückte Tor-Tschorten stehen in den Klöstern Alchi und Phiyang. Die guterhaltenen Tschorten zeigen Abbilder von Löwen, Pfauen und Elefanten, den Reittieren der Bodhisattvas, göttliche Wesen, die den Gläubigen auf dem Wege zur Erlösung helfen sollen. Ebenfalls typisch für Ladakh sind Gruppen von jeweils 108 Tschorten entlang der Pilgerwege. Die heilige Zahl 108 steht für die hundert Namen Buddhas und den achtfachen Pfad der Erlösung. In Ladakh und Bhutan sieht man gelegentlich Gruppen von drei kleinen Tschorten, die rot, weiß und grau getüncht sind. Sie sind den drei beliebtesten Bodhisattvas gewidmet, nämlich Manjushri, der die Weisheit verkörpert, Avalokiteshvara, dem Bodhisattva des Mitleids und der Güte und Vajrapani, der die Schöpfungskraft symbolisiert. Eine Besonderheit Bhutans sind hausähnliche quadratische Tschorten mit massivem Sockel. Sie haben richtige Dächer, die teilweise gestuft sind. An diesen Tschorten sind im oberen Bereich Schiefertafeln mit Zauberformeln, Gebeten oder Reliefschnitzereien von Gottheiten angebracht. Wie alle sakralen Bauwerke Bhutans sind auch diese Tschorten auf halber Höhe mit einem braunroten, weithin sichtbaren Streifen markiert, um die Wanderer zum Beten einzuladen.

Eine der schönsten Anlagen befindet sich in Nepal im Tal von Kathmandu (siehe auch Foto S. 20). Der Stupa von Bodnath hat eine eigenwillige Anlage. Ungewöhnlich ist der große Sockel, der aus drei Terrassen besteht. Die Terrassen sind nach den Himmelsrichtungen ausgerichtet und von allen Seiten über eine Treppe erreichbar. Die nördliche Treppe wird von zwei Elefanten mit Reiter flankiert. Die Nischen, die den Stupa wie ein Band umlaufen, sind ausschließlich mit den Figuren des Buddha Amitabha geschmückt. Andere Skulpturen oder Kultbilder gibt es nicht. Auch die Gestaltung des turmartigen Aufbaus weicht vom Normaltypus ab. Die dreizehn übereinanderliegenden Ebenen gliedern sich nicht in Ringe, sondern in quadratische, gemauerte Stufen. An der Stupa von Bodnath ist nichts dem Zufall überlassen. Alle Formen, alle Längen, alle Höhen sind Teil eines Systems und ergänzen sich gegenseitig. Der Stupa von Bodnath ist der Versuch, ein geistiges System in Stein zu fassen. Der Pilger empfindet ihn als Zentrum der mystischen Welt, als Abbild des Universums und als festen Ort im Kreislauf des Werdens und Vergehens. □

TIPS UND HINWEISE

ALLGEMEINES

Anreise

Die Anreise in den Himalaya erfolgt über Delhi in Indien. Von dort aus sind einige Ziele mit dem Flugzeug direkt zu erreichen, oder man kann wenigstens einen Teil der weiteren Anreise per Flug bewältigen. Ansonsten kann man von Delhi aus mit der Eisenbahn oder per Bus weiterreisen. Seit 1984 gibt es einen Direktflug München–Kathmandu (Nepal). Die indischen Visa und Permits sind aber auch in diesem Fall nötig, sofern man nicht nur Nepal bereisen will. Zwischen den einzelnen Himalayaländern gibt es keine Flugverbindungen. Nur zwischen Srinagar (Kaschmir) und Leh (Ladakh) verkehren Flugzeuge. Billige Flüge (Hin- und Rückflüge) von Frankfurt nach Delhi kosten zwischen 1200 und 1500 Mark, nach Kathmandu sind es etwa 1800. Ein Hin- und Rückflug Delhi–Kathmandu kostet 450 Mark. Da reguläre Flüge von Frankfurt nach Delhi zwischen 2000 und 4000 Mark kosten, einige Billigflugbüros:

● Lindex
Rauchstr. 5
8000 München 80
Tel. 089/983225;

● Indoculture Reisedienst
Bismarckplatz 1
7000 Stuttgart
Tel. 0711/617057;

● Air India Charter
Kaiserstr. 77
6000 Frankfurt 1
Tel. 069/256004;

● Eurasia Flugreisen
Habsburger Ring 3
5000 Köln 1
Tel. 0221/234501;

● Intratours
Eiserne Hand 19
6000 Frankfurt
Tel. 069/5970011

● Indien Reisen
Zum Mühler 5a
6050 Offenbach 5
Tel. 069/862434

Wer mit dem eigenen Auto anreisen will, was wegen der politischen Verhältnisse in Afghanistan und wegen des umstrittenen Grenzverlaufes zwischen Indien und Pakistan sehr schwierig, wenn zur Zeit überhaupt noch möglich ist, muß zuvor beim ADAC in München eine Kaution von 20000 Mark hinterlegen.
Der Verkauf des eigenen Wagens ist in Indien nicht mehr gestattet. Geschieht es doch, zieht Indien über den ADAC die gesamte Kaution ein.
Wer trotzdem auf dem Landweg in den Himalaya reisen will, kann das auch mit dem Autobus machen. Die Reise bis Kathmandu dauert etwa 70 Tage und kostet ohne Verpflegung und Unterkunft zwischen 1500 und 3000 Mark.
Veranstalter sind »Trail Finders« in London oder »Penn Overland« in Heidelberg.
Ab Delhi kann man auch mit den »rollenden Hotels« von »Rotel Tours« reisen – diese mit seinen engen Kabinen recht ungewöhnliche Schlafgelegenheit wird vom Bus gezogen. (Adressen: siehe Reiseveranstalter)

Zeitunterschied und Klima

Viel problematischer als der Zeitunterschied von plus viereinhalb Stunden zur Mitteleuropäischen Zeit (MEZ) sind für Reisende die klimatischen Unterschiede in den Himalayaländern selbst. Von tropischer Hitze und Feuchtigkeit in den Tälern bis zum Eis im Hochgebirge ist alles vertreten. Kein Wunder, denn allein Nepal streckt sich von 76 Metern über dem Meeresspiegel in Biratnagar bis zu 8848 Metern auf dem Mount Everest. Auf engstem Raum ist hier klimatisch alles vertreten, was sich sonst auf dem Globus über mehrere Breitengrade erstreckt.

Gesundheit

Problem Nummer eins sind die hygienischen Verhältnisse und die Ernährung. Wasser darf nur abgekocht oder mit Zusatzmitteln entkeimt (»Micropur«) getrunken werden. Rohes Gemüse oder Eiskrem sollte man meiden und Obst nur frisch geschält essen. Trotz aller Vorsicht muß man damit rechnen, unentwegt Magen- und Darmprobleme zu haben.
Problem Nummer zwei ist die Höhenkrankheit. Der geringe Sauerstoffanteil der Luft in großen Höhen bewirkt eine ungenügende Versorgung des Blutes. Die Folgen eines zu schnellen Aufstieges sind stärkere Atmung, hoher Blutdruck und Schwindelgefühl. Zwischen 3000 und 4000 Metern treten bei anfälligen Menschen Störungen der Sinneswahrnehmungen auf: Das Gesichtsfeld wird eingeengt, die Willenshandlungen verlangsamen, und das kritische Urteilsvermögen läßt nach. Der »Höhenrausch«, verbunden mit starken Kopfschmerzen, Erbrechen und Übelkeit kann nur durch sofortigen Abstieg beziehungsweise künstliche Sauerstoffzufuhr gemildert werden. Die Höhenkrankheit kann tödlich enden. Eine Reise in den Himalaya sollte sowieso nur machen, wer sich guter Gesundheit erfreut.
Impfungen sind nur in Kaschmir und Nepal Pflicht. Eine Choleraimpfung ist in Nepal notwendig, wenn man aus einem Infektionsgebiet kommt. Ähnliches gilt für Reisende, die aus Gelbfieber-Gebieten kommen. Die Impfungen müssen im Internationalen Impfzeugnis eingetragen sein, ohne das man sowenig reisen kann wie ohne Paß. Empfohlen werden außerdem für alle Himalayaländer Malariaprophylaxe, Typhus-, Paratyphus- und Tetanusimpfungen sowie Gammaglobulin gegen Hepatitis.
Unerläßlich ist eine bestens ausgestattete Reiseapotheke. Sulfonamidpulver zur Desinfektion sollte dabeisein, da man während der Regenzeit mit Blutegelbelagerungen rechnen kann. Bestreut man die Tiere, die sich noch durch die kleinsten Kleidungslücken an den Körper heranmachen, mit Salz, lösen sie sich. Abreißen ist gefährlich, da sich durch Reste des Egels in der Wunde Eiterherde bilden können. Die Bißstellen können stundenlang nachbluten. Bedingt durch die trockene Höhen-

TIPS UND HINWEISE

luft, quälen sich besonders in Ladakh viele Reisende wochenlang mit Nasenschleimhautentzündungen. Antiallergika helfen. Daneben sollte die Reiseapotheke natürlich Antibiotika, Schmerzmittel, Verbandzeug, Pflaster, Mittel gegen Darminfektionen und Grippe sowie persönliche Medikamente enthalten. Und zwar so reichlich, daß auch den Einheimischen, denen man unterwegs begegnet, geholfen werden kann.

Reisezeit

Die Reisezeiten müssen sich nach den anvisierten Höhenlagen richten – und vor allem nach dem Sommermonsun. Bewegt man sich in Höhen zwischen 1000 und 3500 Metern, sind der Oktober und November sowie die Zeit von Februar bis April die ideale Reisezeit für Bhutan, Kaschmir, Nepal, die Nordindischen Täler und Sikkim, wobei im Frühling die Gebirgsgipfel oft schon wolkenverhangen sind. Die Temperaturen reichen tagsüber in der Sonne bis zu 25 oder 29 Grad Celsius, nachts bewegen sie sich um den Gefrierpunkt. Die beste Reisezeit für Ladakh sind die Monate von Juni bis Oktober mit Temperaturen von nachts etwa 5 Grad und tags um 25 Grad.

Trekking

Trekking heißt »Bergwandern«, wobei man diesen Begriff sehr weit spannen muß: Vom Wandern bis zur auslaugenden Hochgebirgstour ist alles drin. Oberhalb von 6000 Metern wird es dann allerdings auch finanziell sehr anstrengend. Für Expeditionen müssen bei der nepalesischen Regierung kostspielige Genehmigungen eingeholt werden. Trekking-Ausrüstung und Reiseführer können über einige Ver-

sandhäuser in der Bundesrepublik bezogen werden.
● Därr's Expeditions-Service
Theresienstraße 66
8000 München 2
Tel. 089/282032;
● Globetrotter-Ausrüstungen Denart & Lechart GmbH
Wiesendamm 1
2000 Hamburg 60
Tel. 040/291223;
● Globetrott-Zentrale Tesch GmbH

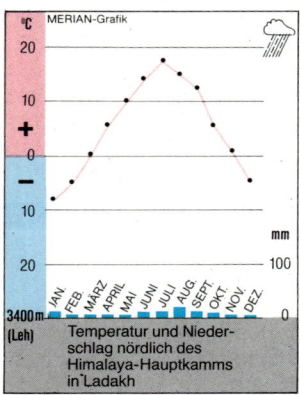

Temperatur und Niederschlag nördlich des Himalaya-Hauptkamms in Ladakh

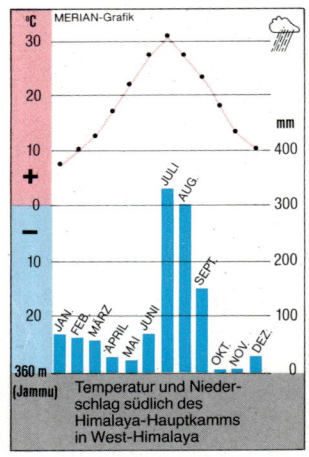

Temperatur und Niederschlag südlich des Himalaya-Hauptkamms in West-Himalaya

Karlsgraben 29
5100 Aachen
Tel. 0241/33636.
Trekker sollten auf alle Fälle einen bescheidenen Beitrag zum Umweltschutz leisten: eigenes Brennmaterial mitbringen, um die schmalen Holzvorräte zu schonen und wenigstens den eigenen Abfall wieder mitnehmen!

Landessitten

Kleider machen Leute – auch in Himalaya. Décolleté und Shorts sind sowenig angebracht wie jedes andere Kleidungsstück, das mehr frei läßt als zu bedecken. Ein Paar Wollsocken für Tempelbesuche, bei denen die Schuhe ausgezogen werden, sind nützlich.
Freundlich währt am längsten – was manchmal nicht ganz einfach ist, denn die Sprachbarrieren verhindern oft das gegenseitige Verstehen. Mit Englisch kann man sich im Landesinneren nur sehr eingeschränkt behelfen, weshalb man vor Antritt der Reise ein paar Worte der jeweiligen Landessprache lernen sollte; die meisten Reiseführer bieten da Hilfe an. Ein freundliches *namaste,* Guten Tag, bringt jedenfalls jeden Nepalesen zu einem strahlenden Lächeln.

Essen und Trinken

Je höher die Berge, desto karger das Leben. Die meisten Bergbewohner essen jahraus, jahrein *dal-bhat,* einen Haufen Reis mit dünner Linsensuppe, etwas Gemüse nach Jahreszeit und *achar* (sprich: A-tschár), scharfen Pickles, für den Appetit. Nicht jedermanns Geschmack. *Momos* dagegen gehören zu den Wonnen der Berge und sind gedämpfte, meist fleischgefüllte Teigtaschen. *Suguti* sind dünne Streifen luftgetrockneten Büffelfleisches, an denen Sie probieren können, ob Ihre Zähne noch was wert sind. In den Changhäusern, den Kneipen, werden Chili in Öl geröstet.
Thúkpa ist eine dünne Nudelsuppe mit gelegentlicher Fleischeinlage, der Sie selbst erst mit Salz und Soja Aroma geben müssen. *Tsúra* sind knusprige Reisflocken, traditionell bei Festessen und Picknicks gereicht, aber auch

als Trekkingvorrat hervorragend. *Tsámpa* ist geröstetes, leicht rauchig schmeckendes Gerstenmehl, das mit Wasser oder auch Milch zu einem überraschend delikaten Brei verrührt wird.
Dahi (sprich: Dai) ist Joghurt und fast stets zu empfehlen. *Ghee* (ghí) ist Butterschmalz und sollte beim Kauf getestet werden. Speiseöl hingegen ist im Himalaya ein eigenes, problematisches Kapitel. Gelegentlich enthält es Keime, gegen die nur die Einheimischen immun sind. Vor Gebrauch stets lange erhitzen!
Chang (Tschang) ist das berühmte Reis- oder Weizenbier des Himalaya. Es sieht aus wie Buttermilch, schmeckt auch so ähnlich, kann jedoch wie ein Monsunsturm zu Kopfe steigen. Berühmt sind die Changhäuser um den Stupa von Bodnath bei Kathmandu. Wählen Sie das, in dem die meisten Einheimischen sitzen. Außerdem gibt es von Ladakh bis Bhutan die herrliche *tongpa,* vergorene Hirsekörner, die in hohen Töpfen serviert, mit heißem Wasser aufgebrüht und aus perforierten Bambushalmen gesüffelt werden. Am berühmtesten dafür sind die Kneipen in Kalimpong und Darjeeling.
Rhakshi ist der Selbstgebrannte des Himalaya. Meist besteht er aus Reis und ist herzlich dünn, etwa unserem Wein vergleichbar. Nur die Newar in Kathmandu haben ihn zu Himalayahöhen und 80 Prozent entwickelt, und wer von einer besseren Newarfamilie auf die üblichen drei Täßchen eingeladen wird, kann das Wunder erleben, daß dieser Spitzenschnaps der Welt nur einen milden Rausch und keinerlei Kater hinterläßt. *Buttertee* schließlich wird Ihnen keinesfalls er-

spart bleiben. Wenn Sie dabei nicht an Tee denken, sondern an Suppe, schmeckt er sogar ganz vorzüglich.

Fotografieren

Die Menschen lassen sich meist gerne fotografieren, trotzdem sollte man zuerst ihr Einverständnis erbitten. Filme sind am besten von zu Hause mitzubringen. Sie sind hier billiger, und man setzt sich nicht dem Risiko aus, welche kaufen zu müssen, deren Verfallsdatum schon überschritten ist. Die Ausrüstung so klein wie möglich zu halten, ist angesichts der strapaziösen Reisebedingungen geraten.

Souvenirs

Billige Mitbringsel wie die Pappmaché-Schachteln aus Kaschmir oder bunte Haarbänder gibt es überall. Antiquitäten sind kaum zu finden und sind in der Regel auch gefälscht. Wunderschönen Silberschmuck und Dosen, zum Teil sogar aus Tibet oder Bhutan, verkauft Gyan Ratna Shakya in der Mani Road in Kalimpong in

Darjeeling. Für 170 Mark kann man sich in Leh die Tracht der Ladakhi-Frauen anpassen lassen oder für 270 Mark den rohseidenen Mantel der Bhutanesen erstehen.

Nachrichten

Wer sich über das Weltgeschehen auf dem laufenden halten will, muß zumindest Englisch lesen können: »Time« und »Newsweek« werden in Kathmandu und Srinagar verkauft. Deutsch geht es nur durch den Äther. Auf Kurzwelle kann die Deutsche Welle täglich zwischen 19.40 Uhr und 22.30 Uhr indischer Zeit empfangen werden. Im 31-Meter-Band auf 9655 kHz, im 25-Meter-Band auf 1765 und 1785 kHz und im 19-Meter-Band auf 15275 kHz. Programmzettel gibt es bei der Deutschen Welle in 5000 Köln, Postfach 100444, Abteilung Presse und Information.

Der besondere Tip

Im gesamten Reisegebiet sollte man sich auf Flug- und Fahrpläne nicht ohne weiteres verlassen. Mit Geduld geht es immer noch am besten. Von seinen ganzen Ausweisen und Reiseunterlagen sollte man Fotokopien anfertigen. Für absolute Notfälle haben die Firmen Därr und Flugbüro Dr. John Kneifel (beide München) einen Telex-Not-Service eingerichtet. Eingegangene Fernschreiben leiten sie kostenlos an die angegebene Kontaktadresse weiter. Telex Därrs:

Geflügel kommt bei nepalesischen Familien nur an Feiertagen in den Kochtopf. Die Newar-Frau im Tal von Kathmandu bereitet das Essen wie überall im Himalaya auf dem Boden zu

5215384 (darr d); Telex Kneifel: 529030 (drkne).

Reiseveranstalter

Seit vielen Jahren bewährt und bekannt für seine kennt-

Nepalese

Sikkim-Mädchen

Kaschmir-Frau

Bhutanesin

Tibeter

Nepalesin

Ladakhi

Nepalesin

Ladakhi-Frau

Kaschmiri

Lama aus Nepal

Tibeter

nisreichen Reisebegleiter sind die
- Marco Polo Reisen GmbH Dettweiler Str. 15 6242 Kronberg/Taunus Tel. 06173/70970 Marco Polo ist zudem weltweit der größte Reiseveranstalter für Bhutan.
- Indoculture Tours Bismarckplatz 1 7000 Stuttgart Tel. 0711/617057;
- Internationale Studienreisen Klingenstein Thomas-Wimmer-Ring 9 8000 München 2 Tel. 089/2350810;
- Hauser Exkursionen Marienstr. 17 8000 München 2 Tel. 089/235006
- ARBÖ-Reisen Mariahilfer Str. 180 A-1150 Wien Tel. 0222/853535 Veranstalter, die Anreisen per Bus anbieten:

- Trail Finders 48 Earls Court Rd. London W86EJ;
- Rotel-Tours Herrenstr. 11 8391 Tittling Tel. 08504/40408311

BHUTAN

Einreise

Einzelreisende und Gruppen bis zu zwanzig Personen dürfen für höchstens zehn Tage das Land bereisen. Der Staat legt die Reisekosten fest: 130 Dollar pro Tag. Da zur Bundesrepublik Deutschland keine diplomatischen Beziehungen unterhalten werden und es auch keine konsularischen Vertretungen gibt, muß das Visum über die Indische Botschaft oder direkt bei der Königlich Bhutanesischen Mission in Delhi beantragt werden. Am besten ist es, dies dem Reiseveranstalter zu überlassen.

Anreise

Da Indien in jedem Fall das Anreiseland ist, benötigt

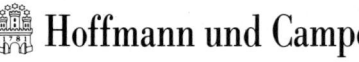
man auch ein indisches Visum für mehrmalige Einreise. Es wird beantragt bei den indischen Konsulaten in Berlin, Frankfurt/M., Hamburg, München, Stuttgart oder bei der

● Indischen Botschaft
Adenauerallee 262–264
5300 Bonn 1
Tel. 0228/540 50.

Die nächste Station ist Siliguri. Von Delhi aus ist es mit der Bahn erreichbar. Fliegt man bis Kalkutta, geht dort täglich ein Flugzeug nach Bagdogra, von wo aus man Siliguri mit dem Bus oder dem Taxi erreichen kann. Von hier geht es fünf Stunden mit dem Bus zur Grenzstadt Puntsholing, dem einzigen Grenzübergang nach Bhutan. Wer weiterfahren möchte, benötigt nun ein Special Transit-Permit Restricted Area, das vom Reiseveranstalter besorgt wird. Für Visum und Permit braucht man insgesamt 8 Fotos. Die Antragsdauer beträgt mindestens 6 Wochen.

Im Land

Man reist mit Bussen. Für die 130 Dollar pro Tag ist alles inklusive: Fahrt, Verpflegung, Übernachtung und ein einheimischer Führer. Die Gasthäuser und Hotels sind sehr komfortabel, die Atmosphäre angenehm, das Essen dort »international«. Eine Spezialität ist das tibetische Bier, *Chang* genannt.

Feste

Wie überall im Himalaya haben die meisten Feste religiöse Anlässe. Die größten buddhistischen Feiern finden im April und zwischen September und Dezember statt.

Geld

Landeswährung ist die bhutanesische Rupie. Sie wird zum gleichen Wechselkurs wie die indische Rupie gehandelt.

Kommunikation

Briefe aus Bhutan brauchen etwa 10 Tage bis in die Bundesrepublik. Die Bhutanesen haben sehr ausgefallene, schöne Briefmarken, die sie in Frankreich drucken lassen.

KASCHMIR

Einreise

Indien gewährt touristische Aufenthaltsvisa für drei Monate. Da im Himalaya (fast) alle Wege über Delhi führen, muß bei geplanten Reisen nach Bhutan, Sikkim oder Nepal ein indisches Visum für mehrmalige Einreise beantragt werden. Gesuche können entweder von einer Reisegesellschaft erledigt werden oder direkt bei der Botschaft der Republik Indien in Bonn oder den konsularischen Vertretungen eingereicht werden. Der Paß muß noch mindestens sechs Monate lang gültig sein.

Anreise

Das Kaschmir-Tal kann von Delhi aus mit Bahn, Bus und Flugzeug erreicht werden. Die 900 Kilometer lange Fahrt nach Srinagar dauert zwei Tage. Mit der Bahn kommt man bis Pathankot, ab da geht es per Bus oder Taxi weiter.

Im Land

Neben Taxis und Geländewagen verkehren nahezu überall – sofern es befahrbare Straßen gibt – Busse. Neben den öffentlichen Verkehrsmitteln gibt es eine Reihe von organisierten Busfahrten in die nähere und weitere Umgebung von Srinagar. Eine besondere »Reiseart« bieten die Shikaras, gondelähnliche Boote, die man auf dem Dal-See mit Ruderer mieten kann. Srinagar läßt sich auch per Fahrrad hervorragend erkunden.

Unterkunft

Hotels sind in mehrere Kategorien eingeteilt, wobei europäische Maßstäbe in den Luxushotels, denen der ersten Klasse und in den Traveller Lodges angelegt werden können. Die sehr reizvollen Hausboote auf dem Dal-See, eine Hinterlassenschaft des britischen *Way of life,* sind wie die Hotels in Kategorien eingeteilt. Da wegen der Konflikte im benachbarten Punjab der Tourismus sehr abgenommen hat, ist der Versuch zu handeln erfolgversprechend.

Der besondere Tip

Kaschmirs Küche – hinduistisch und islamisch beeinflußt – ist eine Klasse für sich: *tandoor-*Gerichte (in Tonöfen zubereitet), *massalas* (scharfe Curries) *kormas* (Curries mit Joghurt gebunden) und *naan* (Fladenbrot) sollte man sich nicht entgehen lassen. Als Getränk empfiehlt sich *lassi,* ein Joghurt-Shake, und *massalachai,* mit Ingwer, Kardamom und Zimt gewürzter Milchtee.

Geld

Die indische Währung ist die Rupie zu 100 Paisa. Sie darf weder ein- noch ausgeführt werden. Devisen dürfen unbegrenzt eingeführt, müssen aber deklariert werden. In Dollar ausgestellte Traveller-Schecks sind meistens leichter zu tauschen als DM-Schecks.

Kommunikation

Telefonieren ist in Indien ein besonderes Erlebnis. Vielleicht klappt's, wahrscheinlich aber nicht. Das gilt nicht nur für Auslands-, sondern auch für Inlandsgespräche. Poste restante funktioniert, wenn man seinen Familiennamen unterstreicht, sonst wird man sonstwo abgelegt.

Botschaften

● Embassy of the Federal Republic of Germany POB 613 New Delhi 110001, India;
● Indische Botschaft Adenauerallee 262–264 5300 Bonn 1 Tel. 0228/540 50.

LADAKH

Einreise

Als Teil des indischen Bundesstaates Jammu und Kaschmir gelten für Ladakh die gleichen Bestimmungen: Das Visum für drei Monate Aufenthalt muß den Zusatzantrag für mehrmalige Einreise enthalten – falls auch Sikkim oder Bhutan und Nepal bereist werden sollen. Reiseveranstalter können Gruppenvisa beantragen, bei Einzelreisen wendet man sich an die Botschaft oder die konsularischen Vertretungen der Republik Indien. (Adressen siehe: Kaschmir)

Anreise

Man kommt von Srinagar mit dem Bus in zweitägiger Fahrt nach Leh. Übernachtet wird in Kargil, von wo aus man per Last- oder Geländewagen auch nach Zanskar und Padum gelangen kann. Die zweite Anreisemöglichkeit ist ein Flug mit Indian Airlines von Delhi nach Leh oder von Srinagar nach Leh.

Im Land

Die Möglichkeiten der Fortbewegung reichen von zahlreichen Bussen bis zu den »Taxis for Ladakh«, einem

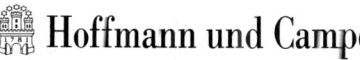

Zusammenschluß ladakhischer Taxifahrer gegen die Konkurrenz aus Kaschmir. Da Ladakh durch seine Grenzen zu China und Pakistan eine strategisch wichtige Rolle spielt, sind einige Gebiete im Norden gesperrt. Eine Meile nördlich der Straße von Srinagar nach Leh geht nichts mehr.

Unterkunft

Es gibt eine Reihe von Hotels und Unterkünften, die aber eher bescheiden sind. Die dünne Besiedlung in der sehr hoch gelegenen Provinz erfordert eine gute Vorberei-

Fotos

Sperrgebiet, »Restricted Area«, heißt auch strengstes Fotografierverbot.

Trekking

In größeren Ortschaften können Trageiere gemietet werden. Das Gebiet ist äußerst dünn besiedelt, und niemand ist in der Lage, Nahrungsmittel abzutreten, was bedeutet, daß man alles mit sich führen muß. Trekkingtouren werden auf Anfrage von Besitzern der Guest Houses oder von der Hotelleitung organisiert.

Liebenswürdig und nicht nur von hinten hübsch: Ladakhi-Frauen

tung der Reise. Ausreichend Getränke und ein Minimum an Verpflegung sollte man immer bei sich haben, Zelte und Schlafsäcke sind zu empfehlen. Für Übernachtungen in einfachen Privathäusern sollte man Bestäubungsmittel gegen »Haustiere« mitführen. Gut versorgt wird man im preiswerten *Government Guest-House* im Zentrum von Leh.

Geld

Die Rupie ist, wie in ganz Indien, die gültige Währung. Devisenkurse in den zwei Banken von Leh sind ungünstiger als in Delhi oder Srinagar, und American-Express-Reiseschecks werden nicht mehr gewechselt.

Lassen Sie sich von einem Reiseveranstalter eine Ausrüstungsliste mit allem Notwendigen zusammenstellen.

Botschaften

Zuständig sind die Botschaften der Bundesrepublik in Delhi, beziehungsweise die Botschaft der Republik Indien in Bonn. (Adressen siehe: Kaschmir)

NEPAL

Einreise

Ein vier Wochen gültiges Visum ist über die Botschaft oder ein Konsulat zu bekommen:
● Botschaft des König-

reiches Nepal
Im Hag 15
5300 Bonn 2
Tel. 02 28 / 34 30 97;
- Honorarkonsulat
  des Königreiches Nepal
  Flinschstr. 63
  6000 Frankfurt
  Tel. 0 69 / 4 08 71;
- Honorarkonsulat
  des Königreiches Nepal
  Landsberger Str. 191
  8000 München 21
  Tel. 0 89 / 5 70 44 06;
- Honorarkonsulat
  des Königreiches Nepal
  Handwerkstr. 5–7
  7000 Stuttgart 80
  Tel. 0 71 / 7 86 46 14.

Das Visum gilt nur für Kathmandu, Pokhara und Meghauli. Für alle anderen Gebiete ist ein »Trekking Permit« erforderlich. Das Permit ist ausschließlich in Kathmandu erhältlich:
- Immigration Office
  Maiti Devi
  Kathmandu, Nepal.

Touristen können ihr Visum im Land um zwei Monate verlängern lassen, wobei für jede zusätzliche Woche Gebühren gezahlt werden müssen. Die Verlängerung bekommt man im Immigration Office in Kathmandu oder in Pokhara. An Feiertagen und am Samstag sind die Dienststellen geschlossen.

Anreise

Von Indien kann man aus Delhi, Kalkutta oder Patna einfliegen. Seit 1984 gibt es von München aus einen Direktflug nach Kathmandu.

Im Land

In Nepal selbst gibt es eine Reihe von Flugverbindungen. Rückflüge sollte man immer gleich bestätigen lassen. Die nepalesische Fluggesellschaft R.N.A.C. gewährt Studenten und Kindern Rabatte. Auslandsflüge müssen allerdings in Dollars bezahlt werden!
Busse befahren das ganze Tal von Kathmandu. Außerdem gibt es täglich Verbindungen nach Kodari und Pokhara. Taxis sind nur in Kathmandu aufzutreiben und in den Abendstunden zudem sehr teuer. Man sollte darauf achten, daß das Taximeter angestellt wird! Die Rikschafahrer verlangen oft höhere Preise als Taxis. Am besten macht man die Summe vorher aus. In jedem Fall sind Leihfahrräder ein brauchbarer Ersatz für die fehlenden öffentlichen Verkehrsmittel in Nepals Hauptstadt Kathmandu.

Unterkunft

Hotels aller Klassen sind in Kathmandu sehr zahlreich. In der Regel werden Steuern und Service zusätzlich berechnet. Oft muß auch hier in Dollars bezahlt werden. Besonders empfehlenswert ist das Hotel *Vajra* im Stadtteil Swayambhu in Kathmandu, Tel. 21 45 45, Telex 2309 HVG HPL, NP. wo man für etwa 30 Mark übernachten kann. Wer länger in dieser Stadt bleiben will, kann im Hotel einen Rabatt aushandeln oder sich in Häuser oder Wohnungen einmieten. Unterkünfte oder einfachere Hotels gibt es in allen größeren Ortschaften. Entlang der Trekking-outen werden erst allmählich Hotels eröffnet. Normalerweise schläft man noch in mitgebrachten Zelten oder in den Häusern der Einheimischen.

Geld

Landeswährung ist die nepalische Rupie zu 100 Paisa. Ein- und Ausfuhr sind verboten, und man sollte wegen des ungünstigen Kurses nicht schon in Deutschland Rupien kaufen. Vom Schwarzmarkttausch im Land sollte man ebenfalls absehen, auch wenn er (beispielsweise in Kathmandu) möglich und verlockend ist.

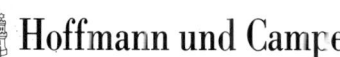

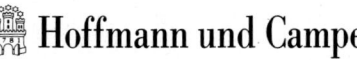
Feste

Da sich die meisten Feste nach dem Mondkalender richten, müssen die jeweiligen Termine erfragt werden. Wichtige Feiertage sind der Geburtstag von König Birendra am 28. Dezember und der Nationalfeiertag Tribhuvan Jayanti. Zum Maha Shivaratri (Februar/März), dem Fest zu Ehren Shivas, pilgern Hindus aus ganz Indien nach Pashupatinath. Im Mai wird der Geburtstag Buddhas, Buddha Jayanti, gefeiert und im September/Oktober Durga Puja, das wichtigste Fest in Nepal.

Trekking

Zum Trekken gehört ein Permit, das unterwegs auch kontrolliert wird. Das Permit ist nur für eine Route gültig. Will man nicht auf eigene Faust trekken, kann man sich von Reisebüros Veranstalter von Trekking-Touren nennen lassen oder sich in Kathmandu an ein einheimisches Büro (billiger!) wenden, das dann absolut alles organisiert:

- Asian Trekking
  Thamel, POB 3022
  Tel. 412821
- Nepal Treks
  Basantpur
  Tel. 222985
- Sherpa Co-operative
  Trekking
  Durbar Marg
  Tel. 223848
- Sherpa Society
  Ram Shah Path, POB 874
  Tel. 412118

Kommunikation

Das General Post Office in Kathmandu ist von Sonntag bis Freitag von 10 bis 16 Uhr geöffnet, das Telegrafenamt, Telecommunication Office, rund um die Uhr. Briefe sollte man sofort abstempeln lassen. Briefe aus Europa läßt man sich am besten in die Botschaft schicken mit deutlich unterstrichenem Familiennamen. Briefe werden auch bei der Post nur gegen Vorlage des Passes ausgehändigt. Telefongespräche nach Europa funktionieren dank Satellitentechnik gut.

Botschaft

- Embassy of the Federal
  Republic of Germany
  Kingsway
  POB 226
  Kathmandu, Nepal
  Tel. 211730

NORDINDISCHE TÄLER: HIMACHAL PRADESH UND UTTAR PRADESH

Einreise

Das indische Visum für drei Monate mit dem Zusatz über mehrmalige Einreise wird vom Reiseveranstalter beantragt oder ist bei der Botschaft und den Konsulaten der Republik Indien erhältlich.

Anreise

Mit dem Flugzeug sind von Delhi aus Bhuntar und Chandigarh zu erreichen. Mit der Bahn kann man von Delhi nach Simla, Chandigarh, Hardwar, Ramnagar und ins Kangratal fahren. Die Weiterreise geht per Bus. Hardwar und Rishikesh sind von Delhi aus auch per Bus zu erreichen.

Im Land

Ein dichtes Busnetz verbindet alle größeren Ortschaften miteinander. Andere Verkehrsmittel, die man alle mieten kann, sind Taxis, Jeeps, zweirädrige Pferdewagen, Tongas genannt, und Fahrradrikschas.

Unterkunft

In den größeren Ortschaften gibt es Hotels auch für hö-

Pilgerziel der Sadhus, der heiligen Männer: Die Quelle des Ganges in Uttar Pradesh

here Ansprüche. Reist man entlang der großen Pilgerrouten der Hindus, sollte man ein eigenes Zelt mitnehmen. In den schlichten Unterkünften gibt es oft keine Mahlzeiten.

Geld

Währung ist die indische Rupie.

Feste

Sie richten sich nach dem Hindu- oder dem muslimischen Kalender. Die staatlichen indischen Verkehrsbüros veröffentlichen jedes Jahr neue Listen mit den Festdaten für das kommende Jahr:

● Staatliches Indisches
  Verkehrsbüro
  Kaiserstr. 77
  6000 Frankfurt 1
  Tel. 0 69/23 54 23.

Trekking

Himachal Pradesh und Uttar Pradesh sind für den Tourismus noch nicht im gleichen Maß erschlossen wie Nepal oder Kaschmir. Man muß damit rechnen, beim Wandern tagelang auf keine Siedlung zu stoßen. Deshalb ist es hier noch wichtiger als anderswo, selber für Verpflegung zu sorgen und ausreichende Vorräte an Nahrungsmitteln mitzunehmen.

Botschaften

Zuständig sind die Botschaft der Bundesrepublik in Delhi und die Botschaft der Republik Indien in Bonn. (Adressen siehe: Kaschmir)

SIKKIM

Einreise

Neben dem indischen Visum ist ein Special Permit für Sikkim erforderlich, wo man nicht länger als 7 Tage bleiben darf. Die Bewilligung bei indischen Konsulaten oder der Botschaft in der Bundesrepublik kann mehr als drei Monate dauern. Der größte Teil des Landes ist für Touristen nicht zugänglich. Für Darjeeling ist der sogenannte Darjeeling Permit erforderlich. Zuständig: Ministry of Home Affairs Lok Nayak Bhavan, Khan Market New Delhi 110001.

Anreise

Von Kathmandu aus kann man bis Biratnagar fliegen, mit dem Bus weiter nach Siliguri und wieder per Bus oder Bahn nach Darjeeling. Anreisen kann man auch über Bagdogra in Bangladesh, wohin man per Flugzeug aus Delhi oder Kalkutta gelangt. Von Bagdogra nach Darjeeling geht es per Bus.

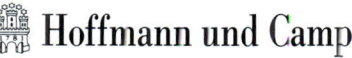

TIPS UND HINWEISE

Im Land

Von Darjeeling fährt ein Minibus nach Gangtok. Zwischen Gangtok und Kalimpong verkehren ebenfalls Busse.

Unterkunft

Hotels aller Klassen findet man in Gangtok und Darjeeling. Die Küche ist »international«.

Geld

Währung ist die indische Rupie.

Trekking

Trekking ist im Osten des Landes, der auch für Inder »Restricted Aerea« ist, nicht erlaubt. Spektakuläre Routen werden nicht gegangen, dafür muß man von einem staatlich anerkannten Reiseleiter begleitet werden. Zelte sollten mitgeführt werden, Lebensmittel, Träger und Ponys werden am Ausgangspunkt der Trekking-Routen, in Darjeeling, besorgt.

Botschaften

Zuständig sind die Botschaften der Bundesrepublik in Delhi und die Botschaft der Republik Indien in Bonn. (Adressen siehe: Kaschmir)

BÜCHER

Heinrich Harrer: Ladakh. Götter und Menschen hinterm Himalaya. Umschau, Frankfurt am Main 1983, 172 S., 154 Abb., 1 Karte, 58 DM (auch als Ullstein Taschenbuch 32016, 12,80 DM). Schöne Fotos mit einem informativen Erlebnisbericht.
Der Himalaya (Wildnisse der Welt). Time-Life, Amsterdam, 1975, 180 S., zahlr. Abb., 45 DM. Fundierter und themenreicher Erlebnisbericht einer viermonatigen Reise durch den Himalaya.
Toni Hagen: Nepal. Königreich am Himalaya. Kümmerly + Frey, Bern (1980), 264 S., Abb., 98 DM. Mit fast wissenschaftlicher Akribie setzt sich der Geologe, bester Kenner Nepals, mit diesem Land auseinander.
Pitt Koch/Henning Stegmüller: Geheimnisvolles Nepal. Buddhistische und hinduistische Feste. List, München 1983, 200 S., Abb., 78 DM. In Text und Bild ausgezeichnete Darstellung der acht wichtigsten Feste (vergriffen).
Reinhold Messner: 3 × 8000. Mein großes Himalaya-Jahr. Herbig, München/Berlin 1983, 161 S., 309 Abb., 25 DM. Fotos und Tagebuchauszüge der Teilnehmer an den unterschiedlichen Expeditionen.
Schiro Schirahata: Himalaya. Vorwort von Reinhold Messner. Edition Weltkultur, Berlin 3. Aufl. 1988, 232 S., 148 DM. 115 Fotos der nepalesischen Gipfel von atemberaubender Qualität.
Devdan Sen/Simon P. M. Mackenzie: Himalaya. Die Klöster des Lama. Fotografien von Hitoshi Tamura. Verlag Herder, Freiburg i. Br. 1983, 140 S., 58 DM. Neuaufl. i. V. Ausgezeichnete Einführung in die Welt des Buddhismus und ihre Ausdrucksformen.
Chögyyam Trungpa: Feuer trinken, Erde atmen. Die Magie des Tantra. Diederichs Köln 1982, 176 S., 26 DM. Einführung in den Tantrismus.
Helfried Weyer/Aldo Godenzi/Roland Nyffeler: Himalaya. Kümmerly + Frey, Bern 1982, 224 S., zahlr. Abb., 48 DM. In Text und Fotos guter Überblick über den ganzen Himalaya.

Empfehlenswerte Reise- und Trekkingführer

Stephen Bezruchka: Nepal. Reisehandbuch. Bd. 1: Trekking-Routen. Bd. 2: Trekking Handbuch. Conrad Stein, Kiel, 1988, 244 bzw. 280 S., zahlreiche Abb. und Karten, 22 bzw. 24,80 DM. Besonders der 2. Band ist wegen der zahlreichen Hinweise zur Vorbereitung, Durchführung und Gesundheitsfürsorge während einer Trekking-Reise zu empfehlen.
Manfred Gerner: Himalaya. Goldstadt (Goldstadt-Reiseführer, 6210), Pforzheim 1981, 363 S., 67 Abb. und 18 Pläne, 22.80 DM. Neuaufl. i. V. Gut gegliederte Informationen über alle Himalaya-Länder.
Lisa von Gruisen (Hrsg.): Nepal. Apa Insight Guide. Nelles Verlag, München, 4. Aufl. 1988, 350 S., 245 Abb. und 10 Karten, 39,80 DM. Gut illustrierter Führer mit prominenten Mitarbeitern (Reinhold Messner, Sir Edmund Hillary). Nützlicher Informationsteil.
Helga Hirschberg: Ladakh. Mit Zanskar. Artemis, Zürich, München 1987, 288 S., 87 Abb., 34 DM. Nützlicher Reisebegleiter mit einer ausführlichen Einführung.
Peter Meyer/Barbara Rausch: Indien – Nepal. Ein Reisebegleiter für Globetrotter. mandala, Klingelbach 5. Aufl. 1987, 648 S., 160 Abb., 124 Karten und Pläne, 34,80 DM. Außerordentlich detaillierter, alternativer Führer mit umfangreichen Abschnitten zu Nepal und den Himalaya-Provinzen Indiens.
Heimo Rau: Nepal. Kunst- und Reiseführer, Kohlhammer, Stuttgart 1984, 316 S., 24 Abb., 29 Pläne, 2 Karten, 54 DM. Der ehemalige Direktor des Goethe-Instituts in Kathmandu schildert kenntnisreich die Kultur- und Kunstgeschichte. Ausführliches Glossar.
Ludmilla Tüting: Nepal. Hoffmann und Campe (Besser Reisen 36), Hamburg 1989, 96 S., 17 Abb., 10 Karten und Pläne, 9,80 DM. Alles Wesentliche und Wichtige über das Land, von einer ausgezeichneten Kennerin Nepals.
Ludmilla Tüting: Nepal für Globetrotter mit Trekkingführer. Bd. 6 der Reihe für Globetrotter schreiben für Globetrotter. Selbstverlag Ludmilla Tüting, Mittenwaldstr. 7, 1000 Berlin 61, 1984, 248 S., 18 DM. Neuaufl. i. V. Alternativer Reiseführer und zugleich ein Lesevergnügen. Ein Muß!
Herbert Wilhelmy: Bhutan. Land der Klosterburgen. C. H. Beck (BsR 830), München (voraussichtlich) 1990, ca. 130 S., 8 Abb., ca. 16,80 DM.

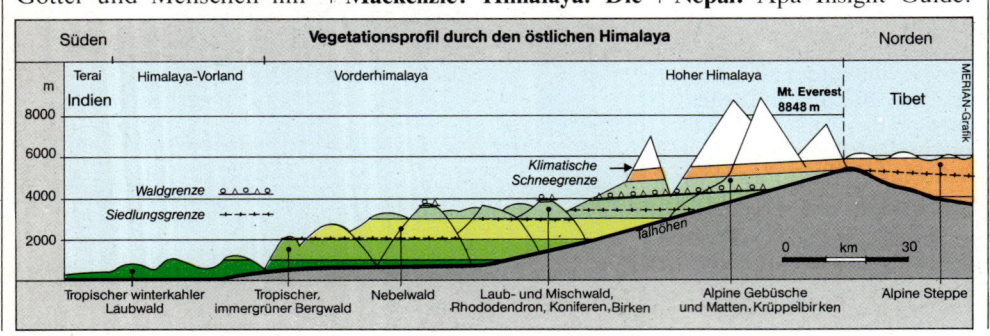

Vegetationsprofil durch den östlichen Himalaya

Süden — Norden

Terai Indien — Himalaya-Vorland — Vorderhimalaya — Hoher Himalaya — Mt. Everest 8848 m — Tibet

MERIAN-Grafik

Klimatische Schneegrenze

Waldgrenze

Siedlungsgrenze

Talhöhen

0 km 30

Tropischer winterkahler Laubwald — Tropischer, immergrüner Bergwald — Nebelwald — Laub- und Mischwald, Rhododendron, Koniferen, Birken — Alpine Gebüsche und Matten, Krüppelbirken — Alpine Steppe

HIMALAYA

4. Jh. v. Chr. Durch die Eroberungszüge Alexander des Großen gelangen erste Kenntnisse über den Himalaya nach Europa.

Bis zum 7. Jh. n. Chr. bleibt das Gebirge trotz seiner Nord-Süd-Täler ohne Querverbindung; die Handelswege umgehen die Gebirgskette.

639 wird eine erste Paßverbindung von Zentralnepal nach Tibet entdeckt und begangen.

17./18. Jh. Die ersten Europäer, die den Himalaya überqueren, sind Missionare auf dem Weg nach Tibet.

In der zweiten Hälfte des 18. Jhs. entsendet die britische Ostindische Kompanie Expeditionen, um die politisch-wirtschaftliche Lage zu erkunden. Der Himalaya erscheint erstmals auf europäischen Karten.

Anfang des 19. Jhs. beginnt man mit ersten exakten Höhenmessungen. Ab 1830 wird unter G. Everest, dem Leiter des britisch-indischen Vermessungswesens, ein Netz von Dreiecken (Triangulationsnetz) festgelegt, mit dessen Hilfe man das Gebiet vermessen kann. Die Europäern nicht zugänglichen Gebiete Tibets und Nepals erfaßt man mit Hilfe einheimischer Landvermesser.

Mitte des 19. Jhs. ist der Himalaya Expeditionsziel von Botanikern, Geographen, Ethnologen. Gleichzeitig beginnt die bergsteigerische Erschließung; 1860 war der höchste erreichte Gipfel 7025 m hoch.

1904 wird Sikkim für Europäer geöffnet; seitdem verlagern sich die Handelswege nach Osten.

In den 1920er und 1930er Jahren wird der Himalaya von zahlreichen Expeditionen mit bergsteigerischen und wissenschaftlichen Zielsetzungen bereist.

1950 Nepal wird für Fremde zugänglich. Jetzt sind die Erfahrungen und technischen Voraussetzungen so weit, daß alle Achttausender in schneller Folge bezwungen werden: 1950 als erster der Annapurna (8091 m), 1964 als letzter der Shisha Pangma (8013 m).

1961 schließt China die Grenzen Tibets. Damit erlischt der Transhimalaya-Handel.

BHUTAN

Die Frühzeit Bhutans liegt weitgehend im Dunkel, da im 19. Jh. zahlreiche historische Zeugnisse durch Erdbeben und Brand vernichtet worden sind.

Im 7. Jh. wird das Gebiet des heutigen Bhutan von Tibetern besiedelt.

9. Jh. Die alte Bon-Naturreligion wird durch die Missionsarbeit tibetischer Mönche vom lamaistischen Buddhismus abgelöst.

10.–16. Jh. Mehrere Klosterherrschaften rivalisieren untereinander um die Macht. Bhutan gerät mehrfach in Abhängigkeit von Tibet.

Um 1640 gelingt es dem tibetischen Lama Namgyal, einen einheitlichen Staat zu schaffen, die geistliche Macht liegt beim Dharma Raja und die weltliche beim Deb Raja. Als Verwaltungssitze der nachgeordneten Äbte und Fürsten entstehen im 17. Jh. zahlreiche Klosterburgen *(dzongs)*.

18. Jh. Machtkämpfe zwischen den Fürsten führen 1772–74 zu kriegerischen Auseinandersetzungen mit der britischen Ostindischen Kompanie.

19. Jh. Nach einer Phase relativer Ruhe kommt es ab 1841 zu bewaffneten Konflikten mit Großbritannien, das 1865 die Tieflandzone besetzt und Bhutan zu einem Friedensvertrag zwingt.

1885 kann der Fürst *(penlop)* von Tongsa, Ugyen Wangchuk, die zentrale Regierungsgewalt an sich ziehen (die Dynastie hat auch heute noch die Macht). Seine Politik wird englandfreundlich, wofür ihm 1907 der Titel eines erblichen Maharaja verliehen wird.

1910 Ein britisch-bhutanesisches Abkommen bindet Bhutan außenpolitisch enger an das Vizekönigreich Indien. (Der Vertrag wird 1949 nach der indischen Unabhängigkeit erneuert).

Riesenthanka in Bhutans Hauptstadt Thimphu

Mitte 20. Jh. In den 1950er Jahren wandelt sich allmählich die feudale Struktur des Landes. 1956 wird die Sklaverei abgeschafft und eine Landreform eingeleitet. Dennoch bleiben viele Relikte des alten Systems bestehen. Das führt zu einer immer stärkeren Opposition der Geschäftswelt und der benachteiligten Nepalesen gegen die Privilegien der Regierung.

1963 Die Maharaja-Monarchie wird in ein Königtum umgewandelt.

1968 erhält Bhutan eine Verfassung. Ein Teil der früher absoluten Königsmacht geht an den Ministerrat und das Einkammerparlament *(tsongdu)* über. Eine regierungsunabhängige Justiz wird eingeführt.

1974 öffnet sich Bhutan dem gruppenweisen Fremdenverkehr.

KASCHMIR/LADAKH NORDINDISCHE TÄLER

Um 2000 v. Chr. Am Gebirgsrand der heutigen nordindischen Staaten breitet sich die Induskultur aus.

Um 1500 v. Chr. dringen indoarische Völker aus Nordwesten ein. Die bestehende Stadtkultur wird überlagert, und aus der Naturreligion der eingesessenen Bevölkerung entwickelt sich durch Vermischung mit den Kulten der Einwanderer der Hinduismus.

4. Jh. v. Chr. Siddhartha Gautama tritt als Reformator des starr und rigoros gewordenen Hinduismus auf und begründet als neue Lehre den Buddhismus. 326 dringt das makedonische Heer Alexander des Großen bis nach Kaschmir vor.

Ab 300 v. Chr. gehört Nordindien zum Maurya-Reich; unter Kaiser Ashoka (ca. 268–ca. 237) breitet sich der Buddhismus über den ganzen Subkontinent aus.

Ab 1. Jh. v. Chr. ist Kaschmir Teil des indoskythischen Kusan-Reiches, das von den Sasariden abhängig wird. Um die Zeitenwende findet hellenistisches Gedankengut Eingang, und der Gandhara-Mischstil etabliert sich.

4.–6. Jh. n. Chr. In Nordindien gewinnt der Hinduismus erneut an Bedeutung, während sich in der Abgeschlossenheit Ladakhs der Buddhismus erhält.

930 gelingt dem Herrscher einer tibetischen Dynastie die Machtübernahme in Ladakh, das damit Königreich wird.

1001–1027 dringen islamische Heere bis an den Himalaya vor.

Ab 1206 gehört Nordindien zum Sultanat von Delhi; damit beginnt die gewaltsame

Islamisierung, die den Hinduismus immer weiter nach Süden verdrängt.

1398 fallen von Westen her mongolische Heere ein und verwüsten das Land; das islamische Sultanat verliert an Macht.

15./16. Jh. Ladakh wird mehrfach von turk-mongolischen Heeren heimgesucht und gerät zeitweise unter die Oberherrschaft kaschmirischer Fürsten.

1586 Kaschmir wird von indischen Mogulherrschern erobert. In der Folgezeit ver-

Der Sonnentempel Martand in Kaschmir wurde zwischen 693 und 720 n. Chr. von König Lalitaditya erbaut

breitet sich der Islam immer mehr.

17. Jh. In der ersten Hälfte des Jahrhunderts gewinnt Ladakh wieder an Bedeutung. In einer Zeit kultureller Hochblüte werden zahlreiche neue Klöster gegründet. In der zweiten Hälfte jedoch wird das Königreich in Kriegszüge Tibets verwickelt. Die Ausdehnung seines weltlichen Machtbereichs kann mit Hilfe Kaschmirs 1685 weitgehend verhindert werden. Ladakh wird vom indischen Mogulreich abhängig.

18. Jh. Nach der Eroberung Delhis durch die Perser (1739) löst sich das Mogulreich in einen lockeren Staatenbund auf.

1819 Sikh-Truppen aus dem Punjab erobern Kaschmir.

1834 dehnen sie ihre Herrschaft nach Ladakh aus, das fest an Kaschmir gebunden wird.

19. Jh. Bereits 1816 erwirbt Großbritannien das Gebiet des heutigen nördlichen Uttar Pradesh. 1846 wird Kaschmir Vasallenstaat. 1849 wird das heutige Himachal Pradesh erobert.

1858 wird Indien Kronkolonie unter einem Vizekönig, dem wiederum zahlreiche Fürstentümer unterstehen.

1947 Als Indien und Pakistan unabhängig werden, schließt sich der Maharaja von Kaschmir (zu 70 % Muslime) Indien an, dessen Bevölkerung überwiegend hinduistisch ist. Ansprüche des muslimischen Pakistan führen zum Krieg, der 1949 auf Vermittlung der Uno mit einem Waffenstillstand endet: Kaschmir wird geteilt, 15 Mio. Menschen beider Staaten werden Flüchtlinge.

1948 wird im indischen Teil Kaschmirs eine Regierung gebildet, die 1952 eine weitgehende Autonomie im indischen Staatenbund erreicht.

1957 erhält Kaschmir eine autonome Verfassung, mit der es sich in die Indische Union eingliedert, wobei formal auch das pakistanische Gebiet einbezogen wird.

1959/60 beansprucht China aus strategischen Gründen (einzige Straße nach Tibet) das nordöstliche Ladakh und besetzt das Gebiet von Aksai Chin.

1965 versucht Pakistan, den indischen Teil Kaschmirs zu erobern. Im Taschkenter Vertrag (1966) wird jedoch die Demarkationslinie von 1949 festgeschrieben.

1971 gibt es erneut Auseinandersetzungen zwischen Indien und Pakistan. In Kaschmir bleibt die Lage unverändert strittig.

1974 Pakistan übernimmt trotz indischer Proteste auch formell die Verwaltung der kaschmirischen Gebiete. Indien verschiebt die Grenze der militärischen Zone, so daß Ladakh auch für Fremde zugänglich wird.

NEPAL

Bis zum 5. Jh. n. Chr. läßt sich die Geschichte Nepals nur in Legenden und Überlieferungen fassen.

5.–7. Jh. Manadeva, Herrscher der Licchavi-Dynastie, erobert im 5. Jh. verschiedene Stammesgebiete östlich und westlich des Kathmandu-Tales. Wirtschaftlich und politisch nimmt er enge Beziehungen zum Reich der indischen Gupta-Dynastie auf. Im 7. Jh. werden auch diplomatische Beziehungen zu China angeknüpft. Wirtschaftliche Grundlage des Landes ist der Transithandel Indien-Tibet, der zu einer städtischen Kultur führt.

Die Könige sind Hindus, aber der Buddhismus ist weitverbreitet, und seine Kunst gelangt in der Licchavi-Zeit zu hoher Blüte.

8. Jh. Gegen Ende des Jahrhunderts setzt sich der Hinduismus durch. Später kehren die nach Tibet geflohenen Mönche zurück und bringen den tantrischen Buddhismus ins Land, der in den folgenden Jahrhunderten viele Anhänger findet und sein Zentrum in Patan hat.

9.–12. Jh. Die wenigen historischen Dokumente spiegeln eine unruhige Phase mit Einfällen fremder Völker und einer Zersplitterung in zahlreiche kleine Herrschaftsbereiche wider.

13./14. Jh. Um 1200 gewinnen die im westlichen Nepal lebenden Malla an Einfluß, wenn sich auch keine einheitliche Gewalt bildet. Gegen die Jahrhundertwende mehren sich räuberische Einfälle, bis 1349/50 ein islamisches Heer aus Bengalen die Städte und Heiligtümer des Kathmandu-Tals völlig verwüstet.

Erst **ab 1382** kann sich eine Zentrale Herrschaft in Bhadgaon etablieren, dem Sitz der Göttin Taleju, die neue Schutzgottheit des Tales. Es wird eine Sozial- und Rechtsordnung geschaffen, die das Land und seine Bevölkerung rigoros hinduisiert und die in vielen Bereichen bis heute überdauert hat.

15. Jh. Während der Herrschaft des kriegerischen Jayayakshamalla entwickelt sich ein blühendes Kunst- und Literaturleben; die ein Jahrhundert zuvor zerstörten Heiligtümer werden wiederhergestellt. Newari wird Hofsprache.

1482 Mit dem Tod des Herrschers zerfällt das Reich in drei Stadtkönigtümer: Bhaktapur (damals Bhadgaon), Patan (damals Lalitpur) und Kathmandu.

16.–18. Jh. Zwar führen die Städte in wechselnden Bündnissen Kriege gegeneinander, begreifen sich aber dennoch als Einheit. So kommt es bei andauernder außenpolitischer Ruhe zu einer wechselseitigen Fortentwicklung von Kultur, Kunst und Architektur der Newar. Immer noch ist Nepal ein Transitland zwischen Indien und dem Transhimalaya. Kathmandu, das am Scheidepunkt der beiden Tibet- und der Indienstraße liegt,

überflügelt seine Nachbarstädte. Seine Münzen besitzen selbst in Tibet Gültigkeit.
Anfang 18. Jh. Nordwestlich des Kathmandu-Tals haben die Gurkhas ein militärisch überlegenes Fürstentum aufgebaut und beginnen in der Mitte des Jahrhunderts, ihre Nachbarn zu bedrängen.
1766–69 erobern die Gurkhas von Westen her die Städte des Kathmandu-Tals. Damit beginnt für das Königreich Nepal die Epoche der Shah-Dynastie.
1775–1816 Zunächst dehnen die Gurkhas ihren Machtbereich nach Sikkim aus. Ihr Vormarsch nach Tibet jedoch wird von chinesischen Truppen gestoppt. Nepal wird zu Tributzahlungen verpflichtet, die noch bis 1908 geleistet werden. Eroberungen im Westen bis Kaschmir und nach Süden in die Ganges-Ebene stoßen auf den Widerstand Großbritanniens: Im Friedensvertrag nach dem Krieg 1814–16 müssen die Gurkhas viele Gebiete wieder freigeben. Die noch heute gültigen Grenzen Nepals werden festgelegt.
1846 Nachdem das Königshaus, durch Mißerfolge in der Außenpolitik erschüttert, die Macht nach und nach an den Adel verloren

Sie halfen den Engländern im Falkland-Krieg: Gurkhasoldaten aus Nepal

hat, wird die Königin durch Mordkomplotte gezwungen, den General einer Elitetruppe zum Regierungschef zu ernennen. Es beginnt die Ranazeit, in der die uneingeschränkte Macht bei den Premiers liegt und der König nur noch zeremonielle Bedeutung hat.
19./20. Jh. Unter den Ranas werden Reformen in Verwaltung, Justiz und Militär durchgeführt. 1856 dehnt Nepal seinen Einfluß auf Tibet aus, der erst 1956 endet. Außenpolitisch wird ein englandfreundlicher Kurs eingeschlagen, Gurkha-Soldaten in britischen Truppen integriert. Das System insgesamt bleibt jedoch feudal, die Sklaverei wird erst 1924 abgeschafft. Im Kathmandu-Tal entstehen zahlreiche Prunkbauten für Mitglieder der Ranafamilien. Vetternwirtschaft, Korruption und Gewaltherrschaft höhlen das Regime von innen her aus.
1950 gelingt König Tribhuvan, der von den Ranaherrschern gefangengehalten wird, die Flucht nach Indien. Mit indischer Unterstützung kommt es zu Aufständen. 1951 kehrt Tribhuvan auf den Thron zurück. Nach der chinesischen Besetzung Tibets erlischt der Handel mit dem Reich der Mitte, und den Bergvölkern geht eine wichtige Einnahmequelle verloren. Sie wandern in die Tieflandregionen ab. Nepal wird dem Fremdenverkehr geöffnet.
1962 Nachdem der erste Versuch einer Demokratisierung nach britisch-indischem Vorbild gescheitert ist, macht eine neue Verfassung (Rätesystem in Abhängigkeit vom Palast) Nepal zu einer konstitutionellen Hindu-Monarchie.
1971 Mit Indien wird ein neues Handels- und Transitabkommen getroffen, das zu erheblichen Exporterleichterungen führt.

Der Basar in Gangtok, der Hauptstadt Sikkims

1979 breiten sich Unruhen aus, deren Ursache Korruption, Inflation und mangelhafte Nahrungsversorgung sind.
1981 werden die ersten allgemeinen Wahlen zum Nationalrat abgehalten.
1985 kommt es wieder zu Unruhen. Bomben explodieren vor dem Palast König Birendras, seit 1972 auf dem Thron. Die verbotene Nepalesische Kongreß-Partei distanziert sich von jeder gewaltsamen politischen Veränderung.

SIKKIM

9. Jh. Die Ureinwohner, die Lepchas, werden durch tibetische Einwanderer buddhistisch missioniert.
1641 gelingt es einem König der Namgyal-Dynastie, die zentrale Regierungsgewalt über die Kleinfürsten in seine Hand zu bekommen.
18. Jh. Mehrmals kommt es zu Auseinandersetzungen mit den sich ausdehnenden Bhutanesen. In der zweiten Jahrhunderthälfte fallen die Nepalesen von Westen her ein und besetzen sikkimesisches Territorium.
1817 Nachdem diese von britischen Truppen wieder verdrängt worden sind, gerät Sikkim in zunehmende Abhängigkeit von Britisch-Indien.

1835 Mit der britischen Annexion Darjeelings beginnt eine unruhige Phase, die 1861 durch einen Friedensvertrag beendet wird, der Sikkim zum britischen Protektorat macht.
1886 beginnen tibetische Einfälle, die **1890** zu einem britisch-chinesischen Abkommen führen, nach dem Sikkim einige nördliche Gebiete abtreten muß und China das britische Protektorat anerkennt. Damit gewinnt Großbritannien die Kontrolle über einen wichtigen Handelsweg.
1918 erhält Sikkim eine Selbstverwaltung. In der Folgezeit wird die Feudalherrschaft gelockert, der autoritär regierende König verliert allmählich an Macht.
1948–51 wird eine Landreform durchgeführt.
1950 schließt Sikkim einen Protektoratsvertrag ab, der die außenpolitische Vertretung und die Verteidigung Indien überträgt.
1955 tritt eine Verfassung in Kraft, mit der der politische Einfluß des Königs weiter eingeschränkt wird.
1973 kommt es zu einem Umsturzversuch des nepalesischen Bevölkerungsanteils, der zu größerem Einfluß Indiens führt.
1975 wird die Monarchie durch Parlamentsbeschluß abgeschafft und Sikkim ein indischer Unionsstaat. ☐

AUF EINEN BLICK

HIMALAYA

Lage und Größe

Das höchste Gebirge der Erde erstreckt sich zwischen dem Indus-Durchbruch im Westen und dem Brahmaputra-Durchbruch im Osten über eine Länge von 2500 km, wobei der Gebirgsbogen neun Breitengrade auf der Höhe Nord-Ägyptens und Floridas überspannt. Der Gesamtkomplex gliedert sich in zahlreiche Einzelmassive, *himals,* die zur englischen Bezeichnung »the Himalayas« führen.

Zehn der 14 Achttausender der Erde liegen im Himalaya, darunter die höchste Erhebung über dem Meer, der Mt. Everest mit 8848 m. Der Himalaya bedeckt eine Fläche von rund 550 000 km², auf der etwa 40 Mio. Menschen leben. Der größte Teil der Fläche entfällt auf die indischen Bundesstaaten Jammu und Kaschmir, Himachal Pradesh und Uttar Pradesh sowie auf Sikkim und das Territorium Arunachal Pradesh; der Rest gehört zu Nepal (145 000 km²) und Bhutan (47 000 km²). Die Himalaya-Kette gliedert sich von Süden nach Norden: Die *Siwalik-Ketten,* die aus der Gangesebene bis zu 1100 m aufsteigen, werden durch die *Hauptrandverwerfung* vom *Vorderhimalaya* getrennt, dessen längs verlaufende Bergketten um 4000 m hoch sind. Begrenzt durch die *Hauptzentralverwerfung,* folgt der *Hohe Himalaya,* der im Mt. Everest gipfelt. Die Wasserscheide liegt nicht auf dem Hauptkamm, sondern im nördlich anschließenden *Tibet-Himalaya,* der Höhen um 6000 m aufweist.

Klima

Der Himalaya bildet die wichtigste Klimascheide des asiatischen Kontinents: Der Norden wird durch ihn gegen den Monsuneinfluß abgeschirmt. Während an der Südseite Niederschläge von über 6000 mm gemessen werden, befindet sich im Norden eine Kältesteppe. Entsprechend ist die Vegetation und Nutzung.

Innerhalb des Gebirgszuges besteht ein deutliches Niederschlagsgefälle von Ost nach West: In Bhutan und Ost-Nepal fällt ganzjährig Regen, im Zentralhimalaya liegt die Regenzeit im Sommer, während im Westen die Niederschläge im Winter fallen. Bis auf diesen Teil, der von den Tiefausläufern der Westwinddrift erfaßt wird, herrscht in den übrigen Bereichen der Monsun. Durch die sommerliche Verlagerung der Innertropischen Konvergenz (Treffpunkt der Windsysteme beider Halbkugeln) nach Norden und der stärkeren Aufheizung der asiatischen Landmasse dominiert im Sommer ein feucht-warmer Südwest-Monsun, der vor allem bei seinem Weg vom Bengalen-Golf hohe Niederschläge im Osten erzeugt. Im Winter liegt die Gipfelregion des Himalaya im Bereich des Strahlstroms, in dem Windgeschwindigkeiten von mehr als 150 Stundenkilometern auftreten.

Kultschrein in Bhutan

Entsprechend dieser Niederschlagsverteilung schwankt auch die Wasserführung der Flüsse stark. Bei einem durchschnittlichen Abfluß des Ganges von 800 m³/Sek. (Niederrhein 2000 m³/Sek.) ist das Verhältnis der geringsten zur stärksten Wasserführung 1:35, beim Indus 1:40 bei allerdings 4500 m³/Sek. im Durchschnitt. Die großen Sommerhochwasser, werden bei den östlichen Himalaya-Flüssen durch die Monsun-Niederschläge verursacht, bei den westlichen durch die Schneeschmelze in den Gipfelregionen.

BHUTAN

Staat und Bevölkerung

Bhutan, das »Land des Drachens«, hat eine Größe von 46 600 km² (fast so groß wie Niedersachsen) mit einer Bevölkerung von 1,5 Millionen Einwohnern. Rund zwei Drittel der Bevölkerung sind Einheimische – Bhotia – tibetischer Herkunft, der buddhistische Glaube ist Staatsreligion. Etwa ein Viertel sind Nepalesen, der Rest Inder, die sich überwiegend zum Hinduismus bekennen. Einen besonderen Status haben die etwa 6000 Mönche, die vom Staat unterhalten werden. Die Siedlungsgebiete sind streng getrennt: Die einheimischen Bhotia verweigern den übrigen Volksgruppen die Ansiedlung im zentralen und nordwestlichen Staatsgebiet. Umgangssprache sind verschiedene tibetische Dialekte, Handelssprache ist Englisch. Bei einem jährlichen Wachstum von 2,2 Prozent (trotz einer Säuglingssterblichkeit von 13,5 Prozent) ist die Hälfte der Bevölkerung unter 20 Jahre alt. Die Lebenserwartung beträgt 44 Jahre.

Bildungs- und Gesundheitswesen wurden bis in die jüngste Vergangenheit im wesentlichen von Mönchen betreut. Politische Parteien existieren in Bhutan nicht. Im Einkammerparlament sind indirekt gewählte Dorfvertreter und königliche Beamte vertreten.

Wirtschaft

Bhutan ist ein Agrarstaat, in dem 70 Prozent der Erwerbstätigen in der Land- und Forstwirtschaft arbeiten, die rund 50 Prozent des Sozialprodukts ausmacht. Nur rund 12 Prozent der Staatsfläche sind landwirtschaftlich nutzbar. Die Grenze des Dauerfeldbaus liegt in 2000 Meter Höhe. In höheren Lagen finden sich weitere 10 Prozent Fläche, die für die Weidewirtschaft genutzt werden.

Die agrarische Selbstversorgungsökonomie weist nur eine geringe Produktivität auf, da Klima und Bodenverhältnisse ungünstig sind und die Agrartechnik rückständig ist. Das Handwerk (Textilien, Haushaltswaren) produziert nur für den lokalen Markt. Ansätze zur Entwicklung von Kleinindustrie finden sich erst in jüngster Zeit, ermöglicht durch Wirtschaftshilfe aus Indien, das sich auch um eine Verkehrserschließung bemüht. In bescheidenem Rahmen werden Steine und Erden, Kohle und Kupfer abgebaut. Eine Energieversorgung besteht nur in wenigen Städten. Der Warenaustausch, bis 1959 vor allem mit Tibet, ist unbedeutend und findet heute fast nur mit Indien statt.

KASCHMIR/LADAKH NORDINDISCHE TÄLER

Bevölkerung und Wirtschaft

Die Provinz Jammu und Kaschmir umfaßt in ihrem indischen Teil rund 139 000 km² (davon 36 000 km² von

China besetzt); der pakistanische Teil ist weitere 83 200 km² groß. Ladakh ist der größte Distrikt der Provinz Jammu und Kaschmir. Bevölkerung rund 125 000, Hauptstadt Leh. Himachal Pradesh ist 55 670 km² und der Himalayateil Uttar Pradeshs rund 50 000 km² groß: zusammen ein Gebiet von der Größe Finnlands. Insgesamt leben dort rund 20 Mio. Menschen. Während im Kaschmir-Tal überwiegend Muslime leben, sind es im Ladakh Buddhisten, in Himachal und Uttar Pradesh Hinduisten. Die Bevölkerung setzt sich aus überwiegend indoarischen Volksgruppen (z. B. Kaschmiris, Punjabis) zusammen, während die Ladakhis mongolischer Herkunft sind. Das Himalayagebiet gehört zu den unterentwickelten Gebieten Indiens: Die Alphabetisierungsrate liegt bei nur 20% (sonst 40%). Rund 10% der Fläche, vor allem in den Flußoasen, wird landwirtschaftlich genutzt (davon knapp die Hälfte bewässert). Hauptanbaufrüchte sind Reis, Mais, Weizen und Obst; je nach Bodenfruchtbarkeit und Klima sind bis zu drei Ernten im Jahr möglich.
Ein Achtel der Landesfläche ist mit Wald bestanden, der großenteils unter Schutz gestellt ist. Rund 80% aller Erwerbstätigen finden ihr Auskommen im Agrarsektor.

NEPAL

Staat und Bevölkerung

Das Königreich Nepal ist eine konstitutionelle Hindu-Monarchie mit einem Staatsgebiet von 145 390 km². Politische Parteien sind verboten; für die Wahl zum Einkammerparlament sind lediglich Mitglieder von anerkannten ständischen Vereinigungen zugelassen.

Neujahrsfest in Bhaktapur

Das Land zählt gut 17 Mio. Ew. bei einem jährlichen Bevölkerungszuwachs von etwa 2,4%. Obwohl 13% der Säuglinge im ersten Lebensjahr sterben (Indien 9%, Bundesrepublik 1%), sind 50% der Bevölkerung unter 20 Jahren. Die Lebenserwartung bei der Geburt beträgt 47 Jahre, was selbst im asiatischen Vergleich wenig ist (Indien 56 Jahre). Rund 77% der über 15jährigen sind Analphabeten (Indien: 64%), davon die Mehrzahl Frauen. Zwar ist die Regierung um den Ausbau des Schulwesens bemüht, da aber keine Schulpflicht besteht, besuchen nur rund zwei Drittel der 6–8jährigen die erste Klasse der Grundschule; danach verläßt der größte Teil der Kinder die Schule wieder.
Die Bevölkerung Nepals gliedert sich in zahlreiche Völkerschaften, die sich zu den altnepalesischen (rund ein Viertel), der indo-nepalesischen und indischen Gruppen zusammenfassen lassen, jedoch die unterschiedlichsten Sprachen und Dialekte sprechen.
Rund drei Viertel sind Hindus, etwa ein Fünftel Buddhisten, der Rest Muslime. Rund die Hälfte der Nepalesen lebt im Kathmandu- und Pokhara-Tal, etwa 7% in der Stadt, wo ein hoher Männer-

überschuß besteht. Rund 40% der Bevölkerung leben im flachen Terai, das nach erfolgreicher Malaria-Bekämpfung zu einem wichtigen Wirtschafts- und Siedlungsraum geworden ist.

Wirtschaft

Nepal ist ein reiner Agrarstaat. Obwohl 76% der Erwerbstätigen im Agrarbereich beschäftigt sind, ist er nur mit 62% am Bruttosozialprodukt beteiligt. Die landwirtschaftliche Nutzfläche beträgt rund 30% des Staatsgebietes – sie liegt zu zwei Dritteln im Terai –, weitere 30% sind mit Wald bedeckt, der Rest ist wirtschaftlich nicht nutzbar. Wichtige Anbausorten sind Reis, Mais, Weizen und Zuckerrohr. Eine Intensivierung des Landbaus ist wegen fehlender Düngemittel und Investitionen für Bewässerungssysteme (nur 6% der Landwirtschaftsfläche werden bewässert) nicht möglich. In den letzten eineinhalb Jahrzehnten ging die Agrarproduktion leicht zurück.
Bodenschätze besitzt Nepal nicht; lediglich Steine und Erden sowie Braunkohle werden in nennenswerten Mengen gewonnen. Industrielle Ansätze haben sich in Kleinbetrieben, etwa Reismühlen, Ziegeleien und Jutefabriken, entwickelt. Drei Viertel des Exports sind landwirtschaftliche Produkte. Wichtigster Handelspartner ist Indien, mit dem rund die Hälfte des Außenhandels abgewickelt wird. Die EG-Staaten rangieren mit knapp einem Zehntel auf dem zweiten Platz. Der Fremdenverkehr als Devisenbringer spielt eine wichtige Rolle: Seit 1972 hat sich die Zahl der ausländischen Besucher auf rund 200 000 vervierfacht.
Lediglich 5900 km Straßen unterschiedlicher Kategorien bestehen bisher, große

Teile des Landes sind nur über Maultierpfade erreichbar, eine durchgehende Ost-West-Verbindung am Gebirgsrand ist noch im Bau.

SIKKIM

Bevölkerung und Wirtschaft

Der indische Bundesstaat Sikkim hat bei einer Größe von 7300 km² eine Einwohnerzahl von 370 000. Rund 70% sind Nepalesen, die sich zum Hinduismus bekennen, der Rest verteilt sich auf Bhotias, Lepchas und andere Volksgruppen, die überwiegend dem Buddhismus anhängen.
Das Himalayaland kann nur rund 25% seiner Fläche landwirtschaftlich nutzen. In den

Amerikanischer Mönch im Kloster Rumtek in Sikkim

Tälern und auf terrassierten Berghängen baut man Reis, Mais, Hirse sowie Bananen und Zitrusfrüchte an. Im Hochgebirge wird außerdem Viehwirtschaft betrieben.
Bis zur Schließung Tibets war Sikkim ein Handels- und Transitland, heute dominiert die Landwirtschaft. Größere Industrien existieren nicht. Erst in jüngster Zeit sind Ansätze zu einer Kleinindustrie von handwerklichem Zuschnitt zu verzeichnen. □

BREVIER UND KARTE

Im Brevier wird auf die Planquadrate der MERIAN-Karte sowie auf Texte und Fotos verwiesen.

BHUTAN

Siehe Seiten 6, 20, 80, 106

Kyichu Lakhang Klosteranlage mit Tempeln und Schrein; in Schreinen Götterbilder, Fresken und Thankas; wassergetriebene Gebetsmühle. (M/N VI)

Paro *Rinchen Pung Dzong* im 17. Jh. als Kloster und Medizinschule erbaut; nach Umbau 1910 Verwaltungssitz und Novizenschule, Schnitzereien, Wandmalerei, in den Gebetsräumen Fresken und Skulpturen. *Uggen Pelri* alter Winterpalast der bhutanesischen Herrscher. *Ta Dzong* ehemals Wachturm und Fluchtburg aus dem 18. Jh. Heute Nationalmuseum mit Volkskunst, Waffen, Thankas und Plastiken (N VI)

Puntsholing An den Hängen des Vorhimalaya gelegener Grenzort nach Indien. Kharbandi-Kloster und kleiner Palast der Königsfamilie. (N VI)

Simtokha Dzong Anfang 17. Jh. als erste Klosterburg gebaut, heute religiöse Hochschule. Im Tempel Buddha-Statuen und Fresken; Reliefs an den Hofgalerien; wassergetriebener Gebetszylinder; Bibliothek mit noch im Gebrauch befindlichen Holzdruckstöcken. (N VI)

Taktsang 700 Meter über dem Tal in steiler Felswand gelegenes Kloster »Tigernest« aus dem 8. Jh. Wallfahrtsstätte; Wandgemälde im Haupttempel. (M VI)

Thimphu Hauptstadt Bhutans mit etwa 20 000 Einwohner; 2600 Meter hoch gelegen. Kleiner Kern, weitgestreute Siedlungen. *Tashi Chho Dzong* vom ursprünglichen Klosterpalast des 17. Jhs. ist nur noch Tempelturm erhalten, übrige Bauten aus diesem Jh., jedoch in altem bhutanesischem Stil, Regierungssitz, Hauptquartier der Armee, Parlamentsgebäude und Kloster; alter Versammlungsraum der Mönche mit zahlreichen Malereien und Skulpturen. *Deshenchholing* (Palast der Königsfamilie). *Changlimithang* Stadion von 1974 als Repräsentativbau in traditioneller Architektur. (N VI)

Wangduphodrang Dzong Mönchsschule, 17. Jh.; im Herbst Maskentanzfest. In der Nähe *Punakha Dzong* Winterresidenz des bhutanesischen Ordensoberen, 17. Jh. Weiter östlich gelegene Gebiete für Fremde nicht zugänglich. (N VI)

KASCHMIR/LADAKH NORDINDISCHE TÄLER

Siehe Seiten 18, 20, 72 (Kaschmir), 14, 16, 20, 58, 88, 94, 106 (Ladakh) und 82 (Nordindien)

Almora Festungsstadt aus dem 16. Jh.; Missionszentrum; zahlreiche Tempel auf den umliegenden Höhen. (F VI)

Anantnag Heilige Quelle mit Shiva-Phallus. Nahebei in *Achabal* ein Mogulgarten (Kaskaden). Nördlich in *Bawan* Quellwasserbecken mit heiligen Fischen (viele Sadhus). In *Martand* Ruinen eines Sonnentempels aus dem 7./8. Jh. Hauptbau erhalten. (B III)

Armanath Höhle in 3879 m Höhe mit einem aus Eis bestehenden Lingam des Gottes Shiva (Phallussymbol als Inbegriff der Schöpfungskraft); wichtiges hinduistisches Heiligtum, das von den Pilgern unter großen Strapazen aufgesucht wird (Hauptpilgerzeit Ende August mit Zehntausenden von Hindus; im übrigen Jahr Rastplätze nicht bewirtschaftet; Pilgerweg von Pahalgam auf 2130 m Höhe ohne Brücken über die Wildbäche). (C III)

Avantipur Im Mittelalter Hauptstadt eines Kleinkönigreichs. *Vishnu-* und *Shivatempel* beide 9. Jh., im 14. Jh. zerstört; Hauptschrein mit gestuftem Pyramidendach; lange Säulenreihen. (B III)

Chamba Mehrere Hindutempel, darunter *Lakshmi Narayana Mandir* mit Tempelgruppe, reicher Ornamentik. Staatsmuseum mit Miniaturen. (C IV)

Dharamsala Höhenort mit zahlreichen Teeplantagen.

Moschee im Bergdorf Pankar in Kaschmir

Ehemaliges Jagdhaus des Maharaja von Kaschmir. Residenz des im Exil lebenden Dalai Lama aus Tibet. (C IV)

Gilgit (pak. Teil Kaschmirs): Basarort mit etwa 3000 Ew. an einer alten Karawanenstraße nach China. Außerhalb *Yatchkeni* (Buddha-Felsrelief). (B I/II)

Hardwar Viele Tempel, bis ins 13. Jh. zurückgehend, darunter *Daksheshvara, Bholagiri Ashram, Chandi Devi, Gita Bhavan, Pashupati Mahadevi, Shri Ayyappa;* entsprechend umfangreiche ornamentale Ausstattung. (E VI)

Jammu Winterhauptstadt des ind. Bundesstaates Jammu und Kaschmir mit 200 000 Ew. Meereshöhe 300

Bhutans Grenze in Puntsholing: Tor zur Wunderwelt

m. *Bahu-Fort* (18. Jh.). *Raghunata-* und *Ranbireshwara-Tempel. Dogra Art Gallery* Miniaturen und Skulpturen. (B IV)

Kedarnath Tempel mit Reliefs, Statue des Shiva-Reitstieres Nandi; kultische Badebecken. (E V)

Leh Hauptstadt von Ladakh, alter Karawanen- und Basarort. Überregionale Bedeutung seit der Schließung der tibetischen Grenze (1951) zurückgegangen. *Leh-Palast* aus Lehm; errichtet im 17. Jh. als Königssitz, heute verlassen und im Verfall begriffen; in erhaltenen Räumen Wandmalereien. *Leh-Gompa* modernes Stadtkloster, goldener Buddha, Holzschnitzereien und grellfarbige Malereien; angeschlossen eine Lama-Schule. *Tsemo-Kloster* Maitreya-Buddha.
Im 100-km-Umkreis von Leh zahlreiche buddhistische Klöster, darunter:
Alchi: Erbaut wohl im 11. Jh., möglicherweise auch um 500 n. Chr. Vier Schreine mit Holzschnitzereien, Fresken und Skulpturen.
Bazgo: Klosterstadt mit mehreren Gompa-Ruinen. Gebetszylinder am Indus.
Hemis: Erbaut zu Anfang des 17. Jhs. Klosterhofgalerien mit zahlreichen Fresken. Umgang mit Gebetszylindern. Buddhafiguren und Votiv-Chorten. Während des Festes zu Ehren des Guru Rinpoche Maskentänze der Lamas und Tanzdarstellungen der buddhistischen Lehrinhalte (Holzmasken, kostbare Kostüme).
Lamayuru: Gegründet im 11. Jh.; Räume teilweise in den Fels gehauen. Statue einer 11köpfigen und 1000armigen Gottheit. Bibliothek. Zahlreiche Skulpturen und Wandmalereien.
Risong: Am Ende einer Schlucht gelegen. Buddha-Statuen.

Shankar: Hoffassade des Hauptbaus mit Fresken.
She: Großenteils verfallen, jedoch hohe Buddha-Skulptur.
Spituk: Gegründet im 15. Jh.; wichtige Sammlung von Reliquienschreinen.
Tikse: Bau aus dem 15. Jh.; Schreine mit gespensterhaften Dämonen und Schutzgöttern. Südlich Leh, in der Region Zanskar, zahlreiche weitere Klosteranlagen. (D II/III)

Manali *Hidamba Devi-Tempel* im 14. Jh. erbaut; Holzreliefs; Geweihe und Hörner als Opfergaben (im Hof): Im Dorf Vashist heilige Badeanlagen, Holzornamentik an den Häusern. (D IV)

Mandi Ruinen eines Raja-Palastes; mehrere Tempel mit reicher Skulptierung und Reliefs. Zentrum eines landwirtschaftlichen Entwicklungsprojektes der Bundesrepublik. (D IV)

Mulbekh An der hier scharf ausgeprägten islamisch-buddhistischen Religionsgrenze gelegen. Felsrelief eines Maitreya-Buddha (8 m hoch; um 700 entstanden). Im Ort Manimauern (Kultmauern, von Pilgern aufgeschichtet), Tschorten (Reliquienschreine) und ein Kloster. (C II)

Rishikesh Heiliger Ort mit mehreren Tempeln, gilt als Tor zum Götterreich um Badrinath, Kedarnath, Gangotri und Yamunotri. Hier haben sich zahlreiche Ashrams (Meditationszentren) der verschiedensten philosophischen Schulen entwickelt. (E VI)

Sher Qila (pakistanischer Teil Kaschmirs): Hauptort eines Kleinfürstentums. Kleine Moschee mit Schnitzornamentik. Ruinen eines buddhistischen Klosters. (B I)

Simla Einst Sommerresidenz der britischen Vizekönige, gegründet im 19. Jh., heute Hauptstadt des Bundesstaates Himachal Pradesh. Festungsartige Verwaltungsbauten, englische Fachwerkhäuser, christliche Kirche, Basare mit orientalischer Atmosphäre; am Jakkoberg Affenherden. (D V)

Srinagar Gegründet im 2. Jh., im Mittelalter wichtiges Kulturzentrum, heute Sommerhauptstadt von Jammu und Kaschmir (450 000 Ew., 1770 m Meereshöhe). Handels- und Handwerkszentrum. Durch die Lage zwischen zahlreichen Flußarmen viele Brücken und Erschließung durch Bootsverkehr (Wohnboote). *Raghunath-Tempel* aus dem 19. Jh. *Shah Hamadan-Moschee* aus dem 15. Jh., durch Stufendach an Tempel erinnernd; Bogengalerie mit Filigranzeichnungen; im Innern umfangreiche Ornamentik. *Pathar-Moschee* große Freitagsmoschee, ursprünglich aus dem 14. Jh., heutiger Bau aus dem 17. Jh. *Hari Parbhat* Festung des 15./16. Jhs.; heute als Gefängnis genutzt; an den Berghängen Andachtsstätten verschiedener Religionen. *Shankaracharya* Hindu-Tempel des 8. Jhs. auf einem Hügel östlich der Stadt; gute Aussicht. Nordöstlich der *Dal-See* mit schwimmenden Gärten (Schilfflöße mit Gartenbau); entlang seines östlichen Ufers mehrere Mogulgärten (Chashma Shahi, Nishat Bagh, Shalimar Bagh, alle 17. Jh., prunkvolle Gartenanlagen mit Blumenbeeten, Hainen, Wasserkunst und Pavillons. Am westlichen Ufer *Hazrat Bal-Moschee* muslimische Wallfahrtsstätte, erbaut Anfang des 17. Jhs.; Schnitzereien um die Fenster. Nordöstlich *Harwan* Reste eines buddhistischen Klosters aus dem 3. Jh. Südöstlich der *Tempel*

von Pandrethan erbaut zu Anfang des 12. Jhs.; seltenes Beispiel für den mittelalterlichen Kaschmirstil. 30 km südlich *Sharar-i-Sharif* Kleinstadt, vorwiegend aus Blockbauten bestehend; Moschee mit Schnitzornamentik. (B III, S. 72)

NEPAL

Siehe Seiten 8, 10, 12, 20–57, 92, 106

Balaju Brunnenanlage aus dem 18. Jh. mit steinernem Wasserspeier im Kathmandu-Tal. *Hariti Ajima Mandir,* aus dem 19. Jh., Kultbild 14. Jh.; in der Umgebung hinduistische und buddhistische Götterbilder, darunter ein Vishnu auf dem Schlangenbett.

Bhaktapur (früher Bhadgaon) Alte Handelsstadt am Transitweg Indien–Tibet, heute etwa 100 000 Ew. Mittelalterliche Strukturen weitgehend erhalten (Modernisierung durch das Deutsch-Nepalesische Bhaktapur-Projekt).
Darbar, Palastbezirk, seit dem 14. Jh. der gewachsenen Stadt angegliedert: *Mulcok,* im 14 Jh. als Taleju-Heiligtum erbaut, Keimzelle des Palastbezirks; Ausstattung des Hofes aus dem 17./18. Jh. *Südflügel des Palastes,* altes Portal mit Löwenpaar und Schutzgöttern, 17. Jh.; neues Portal Sun Dhoka aus dem 18. Jh. mit vergoldeten Bronzereliefs; westliche Fassade mit weißem islamisierendem Stuckdekor des 19. Jhs., östliche Fassade in Ziegel-Holz-Bauweise mit Schnitzereien um Fenster und Türen; im Ostflügel die National Art Gallery. *Drarikanath Mandir,* an allen vier Seiten reichgeschnitzte dreiteilige Tore und Streben; Garuda-Säule, 17. Jh. *Vatsala Devi Mandir,* Shikara-Tempel. 17. Jh. *Yaksheshvara Mandir,* Shiva-Pa-

gode des 15. Jhs. *Bhagvati Mandir,* Shikara-Tempel vom Ende des 17. Jhs.; steinerne Tierplastiken. *Tadhu Che Bahal,* buddhistisches Kloster wohl aus dem 15. Jh.; reiches Schnitzwerk, figürliche Dachstützen.
Außerhalb des Palastbezirks: *Bhairava Mandir,* 17. Jh.; 1933 durch Erdbeben zerstört und mit alten Teilen wiedererrichtet. Schnitzereien an den Holztüren, Löwenpaar als Portalwächter. *Nyatapola Mandir,* Anfang 18. Jh.; Treppe von Steinbildern flankiert; Schnitzwerk und Bemalung; an den Dachrändern kleine Glöcken. *Dattatreya Mandir,*

Wallfahrtsheiligtum für ganz Südasien, wohl 15. Jh.; verhältnismäßig schmucklos; Kultbilder Shivas, Vishnus und Brahmas. *Pujari Matha,* reiche Schnitzornamentik des 18. Jhs. *Bhimasena Mandir,* vergoldete Skulpturen, 17. Jh. (K VI)

Bodnath Stupa, gegründet im 5. Jh., mehrfach restauriert. Rundeckiger Unterbau symbolisiert die Verschmelzung von irdischem und überirdischem Prinzip; quadratischer Augenturm mit dreizehnstufiger Pyramide; 108 Skulpturen des buddhistischen Pantheons, von Opfergaben verkrustet. (K VI)

Budhanilkantha Künstlicher Teich aus dem 7. Jh., darin eine Skulptur Vishnus, meditierend auf einem Schlangenbett im Weltenozean zwischen zwei Weltzeitaltern; in den Wänden mythische Bildwerke. (K VI)

Bungamati Shikara-Tempel des Roten Matsyendranath, ursprünglich aus dem 16., in heutiger Form aus dem 19. Jh. (Kathmandu-Tal)

Cabahil Stupa, der Überlieferung nach aus dem 3. Jh. v. Chr., renoviert im 17. und 19. Jh.; im Hof Statuen, bis ins 9. Jh. zurückreichend.

Ganesha-Tempel zumindest aus dem 17. Jh. (Kathmandu-Tal)

Cangunarayana Wohl ältestes religiöses Zentrum des Kathmandu-Tals; Vishnu-Heiligtum aus dem 5. Jh.; Tempel im 18. Jh. niedergebrannt und wiedererrichtet; umfangreiches Figurenprogramm; Glöckchen und Lampen an den Dachrändern. Im Hof kleine Tempel, Schreine, Skulpturen und Kultbilder. (Kathmandu-Tal)

Cobhar *Vinayakaganesha-Tempel,* Pagode aus dem 17. Jh. im Kathmandu-Tal, Holzschnitzereien an den

---

1 Garuda Vainateya: Halb ins Pflaster gesunkene Steinskulptur des vogelartigen Reittieres des Hindugottes Vishnu, wohl aus dem 6. Jh.; steht auf dem Vorplatz eines heute verschwundenen Tempels; Vorläufer der Stiftermonumente.
2 Tarani Devi Mandir: Keimzelle des Palastbezirks, Anfang des 16. Jhs.; Schutzbilder hinduistischer Götter aus dem 18. Jh.
3 Taleju Bhavani Mandir: Stufentempel, in der 2. Hälfte des 16. Jhs. als dreidimensionales Mandala erbaut; erstmalig mit drei Pagodendächern; Skulpturen des hinduistischen Pantheons.
4 Hanuman Dhoka: Palasttor, namengebend für den ganzen Palast (begonnen im 16. Jh.); flankiert von Löwen, auf denen Shiva und Parvati reiten; davor eine durch jahrhundertelange Bemalung unkenntliche Skulptur Hanumans von 1678.
5 Nasalcok: Krönungshof, errichtet im 17. Jh., Shiva-Schrein, Vishnu-Skulptur, Galerie von Königsporträts.
6 Pancamukhi Hanumana Mandir: Rundpagode mit fünf Dächern.
7 Mulcok: Alter Haupthof des 16. Jhs., aus Ziegeln erbaut, reiche Schnitzereien; Opferstätte für die Göttin Taleju.
8 Bhandarakhala: Parkanlage des 17. Jhs.; im Nordteil Jalasayana Narayana, eine Darstellung Vishnus, der auf einem aus

Schlangen geflochtenen Floß treibt.
9 Lhoncok: Innenhof des Vasantapur-Palastes aus dem 18. Jh.; in den Ecken Türme aus Ziegeln und Holz, darunter im Südwesten Vasantapur Bhavan mit Aussicht über die Stadt.
10 Gaddi Bhaitak: Thronhalle, reich ausgestattet mit Stukkaturen, Fresken und Lüstern.
11 Kumaricok: Palast der Göttin Kumari, vertreten durch ein junges Mädchen; erbaut im 18. Jh.; reiches Schnitzwerk, Buddha-Schrein, Wandmalereien und Reliefs.
12 Degutale Mandir: Tempel des 17. Jhs. zu Ehren einer

Göttin des Newar-Kultkreises; nördlich davor eine Stiftersäule von 1670 mit der Pratapamalla-Königsfamilie.
13 Jagannath Mandir: Vishnu-Tempel aus dem 16. Jh.; Holzskulpturen der Hindugötter, erotische Reliefs an den Dachstreben.
14 Mahadeva Mandir
15 Gopinath: Krishna geweihte Ziegel-Holz-Pagode; vierarmiger Vishnu als Kultbild.
16 Kangeshvara Mandir: Shiva-Tempel mit Umgang aus Holzstützen.
17 Mahendreshvara Mandir: Shiva-Tempel ursprünglich aus dem 16. Jh.; nach Erdbeben-

schäden neu errichtet, 1968 eingeweiht.
18 Pancamukhi Lakshminarayana Mandir: Ausstattung kaum erhalten, 17. Jh.
19 Kala Bhairava: Relief eines sechsarmigen Shiva, auf einem Dämon stehend; grell bemalt.
20 Sveta Bhairava: Dämonische Goldmaske hinter Holzgittern, offen sichtbar nur an einigen Festtagen.
21 Casidega: Achteckige, dreistöckige Pagode, ursprünglich 17. Jh., 1967 Neubau, ohne Schmuck.
22 Bhagvati Mandir: Zweigeschossiger Tempel über dem breiten, reichgeschnitzten Erker eines Wohnhauses.
23 Nava Yogini Mandir
24 Shiva Mandir: Ursprünglich vom Ende des 17. Jhs., nach Erdbebenschäden 1934 Neubau.
25 Trailokya Mohan Mandir: Gedächtnistempel der Königsfamilie aus dem 17. Jh.; Neubau 1934 nach Erdbebenschäden; davor im Westen eine kniende Garuda-Skulptur.
26 Kavindrapur: Rasthaus *(sattal)* am Handelsweg Indien–Tibet aus dem 17. Jh.
27 Simha Sattal
28 Kasthamandapa (Madu Sattal): »Halle aus Holz«, Rasthaus der Händler und Pilger aus dem 12. Jh.; namengebend für die Stadt; dreigeschossiger Zentralbau mit zurückspringenden Obergeschossen: profaner Vorläufer der Pagodentempel.

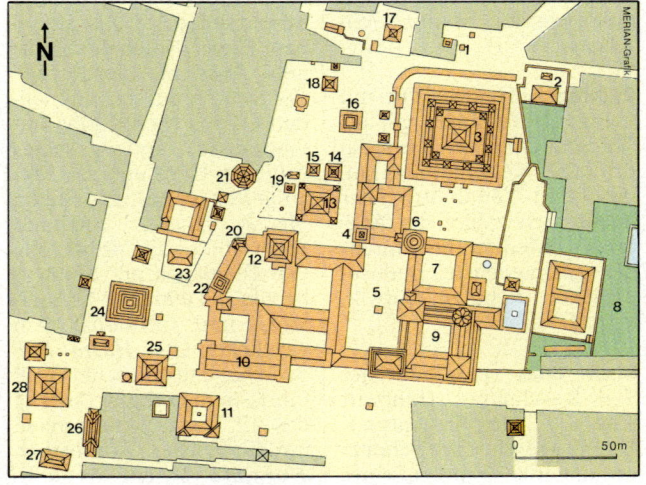

Der Palastbezirk von Kathmandu